JN450675

조직범죄론

김우준 저

도서출판 진 영 사

조직범죄론

김우준 저

2013년 2월 18일 초판인쇄
2013년 2월 20일 발　　행
발행인 박 진 영
발행처 도서출판 진영사
인천광역시 부평구 갈산동 16-22번지
전화 : 032)505-4207
팩스 : 032)505-4206
E-mail : 0183734207@hanmail.net
등록 : 122-91-77317

ISBN 978-89-6541-106-2 93300
값 13,000 원

저자와 합의로 인지첨부를 생략합니다.
저작권의 보호를 받는 저작물입니다.
내용과 구성의 무단 전제 및 도용을 금합니다.

머 리 말

조직범죄를 근절하려는 국가기관 및 시민사회 공동의 지속적인 여러 노력에도 불구하고 여전히 조직범죄는 우리 사회 곳곳에서 활개를 치며 건전한 시민을 위협하며 사회·경제 질서를 교란하는 등 많은 악영향을 끼치고 있다. 조직범죄의 폐해는 커지고 있으며 피해 영역도 확장되고 있다. 노상에서 단순 갈취를 하거나, 무고한 시민에게 폭력을 행사하여 생명·신체에 위해를 가하는 행위는 물론 각종 금제품의 제조·유통·사용 등에 관여하기도 하며, 공직자를 매수하여 비리를 저지르도록 하기도 한다. 나아가 불법 사금융이나 각종 민사 사건에 개입하기도 하며, 신용카드 범죄 및 보이스피싱과 같은 새로운 유형의 범죄에도 손을 대는 등 그 악영향이 증대되고 있다.

이러한 조직범죄에 대하여 일반 시민들은 두려워하는 한편 그 실체에 대하여는 잘 알고 있지 못한 것이 일반적이다. 오히려 가치관에 갈등을 느끼고 방황하는 청소년들은 이러한 조직범죄의 세계에 호기심을 가지거나 이를 동경하기도 한다. 그러나 조직범죄는 결코 낭만적이지 않으며, 내부 가담 구성원 스스로도 결국 또 다른 피해자가 될 뿐이다.

이 책은 이러한 조직범죄의 실제에 대하여 소개하고 조직범죄를 감퇴하는 데에 작은 도움이라도 되었으면 하는 바람에서 집필된 것이다. 경찰학이나 범죄학 등 관련 분야의 교육 교재로서 활용되는 데에서 나아가, 경찰학이나 범죄학 등을 전공하는 대학생이나 대학원생, 국가기관 종사자들, 일반인들이 조직범죄와 관련된 각종 현상과 원인을 학습하고 관련된 지식을 함양하는 데에 기여할 수 있었으면 한다.

이 책의 분량은 많지 않지만, 조직범죄와 관련된 주요한 내용들을 망라하여 담고자 노력하였다. 제1장에서는 조직범죄의 개념 및 특징, 유형을 살펴보았고, 제2장에서는 조직범죄의 성장과정과 폭력조직의 생성을 다루었다. 제3장에서는 조직범죄 모델 이론과 조직범죄 발생원인 이론을 소개하였으며, 제4장에서는 조직범죄의 기초가 되는 폭력성의 근원에 대하여 고찰하였다. 제5장에서는 조직범죄집단의 문화와 특성들을 살펴보았고, 제6장에서는 조직범죄의 발호 현황과 조직범죄의 활동 대상이 되는 주요 영역들을 다루었다. 제7장에서는 우리 역사에서 등장하는 조직범죄와 관련된 기록들을 소개하였으며, 제8장에서는 미국 등 세계 각국의 조직범죄를 개관하였다. 제9장에서는 조직범죄를 감퇴시키기 위한 국가와 사회의 대응 방안을 다루었으며, 마지막으로 제10장에서 조직범죄가 우리사회에 어떠한 피해를 끼치는지를 고찰하였다.

집필을 마치고 보니 너무나 부족한 점이 많다. 이 책을 접할 독자께 미리 양해를 구하는 바이며, 더욱 연구하고 틈틈이 수정·보완하여 완성도를 높여갈 것임을 약속드린다. 아낌없는 질책과 조언을 기대하는 바이다.

끝으로 출판 환경이 여러 가지로 어려운 상황 하에서도 기꺼이 졸고를 출판하여 주시고 한결같이 적극적인 성원을 보내주신 진영사 박진영 사장님과 관계 임직원 여러분께 깊은 감사의 마음을 전한다.

2013년 2월

세명대 학술관 연구실에서

저자 김 우 준

목 차

제1장 개 관

제2장 조직범죄의 성장

제3장 조직범죄 이론

제4장 폭력성의 근원

제5장 조직범죄집단의 특징

제7장 우리 역사 속 조직범죄

제8장 세계 각국의 조직범죄

제9장 조직범죄에 대한 대응

제10장 조직범죄의 피해

제1장 개 관

제 1 절 조직범죄의 개념

제 2 절 조직범죄의 특징

제 3 절 조직범죄의 유형

제1장 개 관

제 1 절 조직범죄의 개념

1. 범죄학적 측면에서의 조직범죄 개념 논의

조직범죄의 개념을 정의하는 일은 상당히 복잡하고 어려운 일이 될 수 있다.

첫째, 범죄조직이 행하는 여러 행위들 중 무엇이 범죄이고, 어디서부터는 합법적인 행위인지 구분하는 것이 쉽지 않기 때문이다. 합법적인 사업 영역을 통하여 확보한 자금으로 불법적인 범죄를 저지르거나, 또는 반대로 불법적인 영역에서의 활동을 통하여 합법적인 사업에 투자하여 활동하는 경우, 어디까지가 범죄이고 어디서부터는 합법적인 사업인지 구분하기가 매우 어려울 것이다.

둘째, 범죄조직 구성원들의 다양한 행위 중 과연 어느 것이 범죄라 할 수 있을 것인지도 구분이 쉽지 않다. 조직범죄집단은 역할을 분업화하여 담당·실행하는 특징이 있다. 누군가는 실제 범죄를 실행하고, 누군가는 망을 보고, 누군가는 자금을 지원하고, 누군가는 증인과 목격자, 피해자에 대한 입막음을 하고, 누군가는 증뢰, 권력자 매수 등을 통해 사건 무마·축소를 시도한다. 누군가는 상시적으로 이러한 행위를 잘 수행할 것 같은 새로운 인력을 수급·조달하고, 누군가는 국내외의 다른 세력들과의 연계를 통해 집단의 힘을 키우고 세를 불리며 위세를 과시하며, 누군가는 집단의 신 성장 동력에 해당한다고 할 수 있는 새로운 활동무대나 새로운 자금원을 탐색한다.

또 누군가는 이러한 전체적 과정의 밑그림을 그리고 계획을 수립한다. 과연 어떠한 행위까지를 '조직범죄'라고 할 수 있을 것이며, 누구의 죄가 더욱 중한 조직범죄에 해당한다고 할 수 있을 것인가.

셋째, 어떠한 학술적인 개념이 정립되기 위하여서는 학자들의 연구에 대한 관심이나 국가 · 사회적인 관심의 환기가 필요하기 마련인데, 조직범죄의 연구에 대하여서는 이러한 관심이 비교적 적다고 할 수 있다. 학계의 관심이나 국가 · 사회적 필요가 증진되려면, 기본적으로 국민적인 관심이 증진해야 한다. 그런데, 이 조직범죄와 관련하여서는 국민적 우려 · 관심이 증가하는 것이 쉽지 않다. 어느 공직 후보자가 선거나 청문회에 임하여 조직범죄의 척결을 다짐하는 것을 들어본 적이 있는가. 이는 조직범죄는 일반 국민의 입장에서 관심사 우선 순위에서 후순위에 있는 문제라는 것이고, 결국 개선을 위한 목소리에 힘이 크게 실리지 않는다는 것이다. 왜 그럴까. 조직범죄는 일반 국민들에게 직접적이고 피부로 느껴지는 위협이 아니기 때문이다. 학생과 학부모 입장에서 학교폭력에의 노출은 피해자가 회피 · 예방하려고 노력을 해도 항상 그 위험 하에 놓여있다. 귀가길 여성 입장에서 성폭력의 위험은 아무리 노력해도 쉽게 떨칠 수 없는 것이다. 소매치기나 가택침입 절도도 일상적으로 생계활동 · 경제활동을 영위하고 사는 일반 시민들에게 상존하는 스트레스로 작용한다. 그렇지만 조직범죄의 경우는 어떠한가. 일반 시민들은 조직범죄는 영화 속에나 존재하며, 그들의 영역이 굳이 침투하지 않는 한 나의 삶과는 접점이 없을 것이라고 여긴다. 물론 TV, 신문 기타 언론매체에 비치는 조직범죄는 매우 공포스럽지만, 나와는 별 관련이 없는 일이라고 여긴다는 것이다. 유흥 · 향락업소나 사행성업소에서 생계활동을 하거나, 유흥 · 퇴폐업소에 수시로 드나드는 사람이 아니면, 태어나서 죽을 때까지 실제의 조직폭력배를 한번 보지도 못하는 사람도 많을 것이다. 이러한 이유로 조직범죄는 일반 시민들에게 큰 관심사가 되지 못하며, 나아가 국가 · 사회적으로도 관심이 비교적 적으며, 학계에서도 이 분야의 연구가 크게 활성화되고 있지 못한 실정에 있다는 것이다. 이런 이유로 아직까지 조직범죄에 대한 정치된 학술적 개념이 정립되지 못하고 있는 것으로 여겨진다.

그럼에도 불구하고, 각종의 선행연구들을 토대로 조직범죄의 정의를 내려볼 필요가 있다.

Sage범죄학사전(2006: 280)에서는 조직범죄란 미국에서 1920년대에 출현되어서 현재 전 세계적으로 사용되는 개념으로 불법적인 시장에 재화 또는 용역을 제공하기 위하여 다수 구성원이 협력적으로 생산, 공급, 자금조달 등의 활동을 이어가는 통제하기 어려운 중대하고 심각한 범죄를 의미한다고 한다.

이윤호(2008: 285)는 조직의 공동의 목적과 위계질서 등과 같은 조직성의 특징을 지닌 범죄 집단에 의한 범죄를 조직범죄라고 하였다. 더 구체적으로는 2인 이상이 장기간 또는 불확정한 기간 동안 분업적으로 영업적 또는 사업적 구조 하에서, 폭력을 행사하거나 위협을 가할 수 있는 다른 수단을 이용하여, 정치, 언론, 관계나 경제계에 영향력을 행사하면서, 개별적 또는 집단적으로 중요한 의미가 있는 범죄행위를 이윤이나 권력의 추구를 목적으로 계획적으로 범하는 것이라고 할 수 있다고 하였다.

이상현(2012: 289)은 조직범죄의 공통적인 성격은 집단성원에 의한 범죄행위가 그 집단의 성립 및 존속에 밀접하게 관련되어 있는 것이라고 전제한 뒤, 조직범죄에 대한 정의는 집단으로서의 조건뿐만 아니라 범죄활동과 집단 및 집단성원과의 관계를 설정해야 한다고 보았다. 구체적으로는 다음의 내용이 포함된다고 보았다.

① 조직범죄는 불법적인 행위를 계획하고 실행하거나 불법적인 수단에 의하여 합법적인 목표를 추구하는 사람들로 구성되어 계층적인 구조가 확립되어야 한다.

② 조직범죄는 경제적 · 정치적 이익의 추구를 그 목표로 한다.

③ 조직범죄는 경험, 관습에 의하여 관계자나 피해자를 효과적으로 통제하고 구성원을 훈련시켜 연속성 및 지속성을 가져야 한다.

④ 조직범죄라도 범죄의 일종인 이상 형사법의 위반행위를 할 것이 요구된다조직범죄는 불법적인 행위를 계획하고 실행하거나 불법적인 수단에 의하여 합법적인 목표를 추구하는 사람들로 구성되어 계층적인 구조가 확립되어야 한다.

강맹진(2011: 144)은 조직범죄란 일반적으로 불법적 활동을 통해 이득을 추구하고 위협이나 무력을 사용하며 법집행을 면하기 위해 부정부패를 이용하는 일정한 집단에 의한 범죄로써, 다수의 사람들이 일정한 목적을 가지고 구성한 계속적이고 체계적인 결합체인 조직의 구성원이 조직의 힘을 이용하거나 이를 수단으로 하여 범하는 범죄하고 보았다. 더 구체적으로는 2인 이상이 장기간 또는 불확정한 기간 동안 분업적으로 영업적 또는 사업적 구조를 가지고 폭력을 행사하거나 위협을 가할 수 있는 다른 수단을 이용하여 정치 · 언론 · 관계나 경제계에 영향력을 행사하면서 이윤이나 권력의 추구를 목표로 하여 계획성을 띠고 개별적 또는 집단적인 범죄행위를 행하는 것이라고 보았다.

김용준(2011: 457)은 조직범죄를 한 사람 이상의 범죄자가 불법적인 행위를 할 목적으로 서로 공모하여 그런 상태로 계속 존속하는 범죄를 말한다고 보았다.

이러한 견해를 종합하여 조직범죄에 대하여 정의를 내려 보자면, 조직범죄란, 대중적 수요가 존재하는 재화와 용역 분야에서 이익을 얻기 위하여 폭력을 비롯한 불법적 방법을 사용하며, 뇌물제공 등 회유 · 협박을 통하여 일상적으로 법적 책임을 면하려는 시도를 하는 지속적이고 위계질서를 갖춘 불법 목적의 조직체나 그 구성원에 의하여 저질러지는 범죄를 의미한다고 할 수 있을 것이다.

2. 법학적 측면에서의 조직범죄 개념 논의

조직폭력범죄에 대한 개념정의를 지속적으로 시도하는 이유는 어디에 있는가. 그것은 특히 형법학의 입장에서 본다면 가벌적 행위의 범위를 어떻게, 어느 정도로 확정지을 것인지의 문제와 깊은 관련을 맺고 있다. 다시 말해 엄격한 개념정의가 존재할 수 없으나 현상으로서의 조직폭력범죄들은 지속적으로 언급되고 있으며, 현실적으로 그러한 범죄유형의 처벌이 요청될 경우에 그것을 가벌적 행위라고 하여 형사상의 소추를 하려면 일정한 근거가 필요하기 때문에 형사법학자들은 개념 정의를 부단히 시도하게 되는 것이다. 또한 범죄현상으로서의 조직폭력범죄에 대한 정확한 파악은 그 대상을 한정하여 효율적이고 올바른 인식에 근거한 형사정책을 결정하게 하며, 국가의 대응이 올바른 것인지를 검증할 수 있게 한다. 그러나 조직폭력범죄는 그 자체로서 가벌성이 곧바로 징표되는 것이 아니라 개별 행위자가 단체를 구성하여 혹은 영업적으로 폭력과 협박을 수반하는 범죄를 범하는 경우 형이 가중되는 형식을 취하고 있는 특수한 가벌성 문제를 검토하는 것이므로 이에 대한 표지, 위험성 및 예방과 소추 등에 있어서는 개념상의 혼동이 뒤따를 수밖에 없다. 형사법학자들은 조직폭력범죄에 대한 주요한 표지들을 첫째, 지속성 있는 조직체 내의 위계질서 및 복종과 침묵의 내부규율, 둘째, 범죄를 통한 막대한 이익의 창출 및 축적, 셋째, 폭력과 협박을 통한 불법사업의 독점화 추구, 넷째, 공직매수 등을 통한 비호세력의 육성, 다섯째, 범행에 있어서의 세밀한 준비와 계획, 여섯째, 범죄수행에 있어서의 고도의 전문성, 일곱째, 범죄의 은폐 및 위장에 있어서의 조직성, 여덟째, 범죄의 기동성 및 국제성 등으로 파악하면서, 다수인이 각각 개개인으로서 범죄를 행하는 것이 아니라 하나의 단일한 의사결정체를 이루고 단일화된 조직의 의사에 따라 범죄를 결행하는 형태라고 보고 있다(이덕인, 2006: 74-75).

또한 폭력 등 범죄를 행할 목적으로 단체를 조직하거나 그 단체의 구성원으로 가입하는 것은 물론, 범죄단체의 구성원으로서 조직의 힘을 이용하거나 조직을 배경으로 범하는 범죄이면서, 범죄조직이 추구하는 목적을 달성하기 위하여 범죄조직의 구성원에 의해 저질러지는 범죄를 조직폭력범죄로 규정한다. 그러나 단지 범죄조직의 구성원이 그가 속한 조직과는 무관하게 저지른 범죄는 엄밀히 말하자면 범죄적 평가를 달리해야 한다는 입장도 있다. 아울러 조직폭력범죄를 파악함에 있어 그 주체에 경제적 이익의 취득을 포함하여 널리 일체의 불법활동을 목적으로 하는 폭력조직을 포함시킬 것인지, 아니면 경제적 이익의 취득을 목적으로 하는 폭력조직으로 한정할 것인지에 대한 견해의 대립이 있으나 이를 굳이 경제적 목적으로 그 범위를 한정할 필요는 없다는 견해도 있다. 이외에도 '조직 활동을 계속하기 위해 다수의 범죄자에 의해 구성되어 지휘계통이 수립되어 있는 반영구적 계서조직(階序組織)을 구비하고 있는 것' 또는 '주로 경제적 이익을 추구하며, 공무원 등과 결탁하는 등 목적달성을 위한 계획이 있는 일정한 영속적인 조직의 다수 구성원이 그 조직의 위계질서 등 내부규율을 준수하며 조직외부 규범을 위반한다는 조직의사를 가지고 기동적으로 조직의 역할을 분담하는 조직적 행위로써 범하는 여러 가지 형사법 위반행위, '불법적인 활동을 목적으로 유기적 작용을 하는 통일체가 행하는 범죄', '법으로 금지하고 있는 물품이나 서비스의 제공 또는 폭력 등의 위법한 행위를 행하여 불법적인 이득을 취득하는 것을 목적으로 어느 정도의 지속성과 위계질서를 가지고 있는 범죄 집단에 의해 저질러지는 범죄' 등 다양하고도 중첩적인 개념정의를 혼용한다(이덕인, 2006: 75-76).

따라서 모든 개념을 포섭하기 위해서는 조직범죄를 '상당한 대중적 수요가 있는 불법활동을 통해 이득을 얻기 위해 합리적으로 움직이는, 지속성을 가진 범죄사업으로 그 존속을 위해 폭력, 협박 또는 공무원의 부패가 이용되는 범죄유형, 또는 법으로 금지하고 있는 물품이나 서비스를 제공하거나 폭력 등의 위법행위로서 이득을 취하는 것을 목적으로 하며 어느 정도의 지속성을 지니는 범죄유형'로 평가하거나 '법이 금지하고 있는 물품이나 서비스를 제공하거나 폭력 등의 위법한 행위로써 이득을 취하는 것을 목적으로 하는 어느 정도의 지속성을 취하는 범죄 집단 혹은 그의 범죄유형'으로 판단하고, 영리를 목적으로 조직적 · 전문적인 수법을 이용한 행위가 반복 · 지속적으로 이루어진다는 점에서 기업범죄와 유사성이 있으나, 그 내용에 있어서는 기업범죄와 구별된다. 조직범죄는 전문적 지식을 가진 사회적 상류계층이 저지르기보다는 전문 테크닉을 가진 하류계층의 사람들과 범죄세계에서 성장한 보스가 상하명령체계를 저질러지는 범죄현상이다. 이에 비하여 기업범죄는 상하 명령체계보다는 전문지식을 교환 · 보완하기 위하여 상호 대등한 관계에서 조직이 구성된다. 또한 기업범죄는 경제적 부를 창출하여 재투자의 재원으로 삼고자 하는 목적으로 그 수단도 사기 등 기망의 방법이 주로 이용되는 데 반하여 조직범죄는 생계유지를 위한 영리목적 아래 기망 뿐 아니라 공갈, 폭력 등의 방법이 더 많이 이용된다는 점에서 차이가 있다(이덕인, 2006: 76-77).

3. 실무상에서의 조직범죄 개념 논의

조직범죄 중 폭력분야는 대체로 폭력단체를 구성하거나 그 단체 내지 조직의 구성원에 의하여 저질러지는 범죄를 말한다고 할 수 있다(조승식, 1994: 340).

전자, 즉 범죄단체를 구성하는 행위에 대한 규율법이 폭처법 제4조(단체등의 구성 · 활동)이고, 후자 즉, 단체 내지 조직의 구성원에 의하여 집단적으로 저질러지는 범죄를 규율하는 주된 조항이 폭처법 제3조(집단적 폭행 등)로서, 특히 경찰에서는 이를 조직성 폭력이라고 칭하며 조직 폭력과 구별하여 별도의 단속 평가를 하고 있다.

조직성 폭력이란 경찰 실무적 개념으로 법률적용상 범죄단체에 이르지 못하였으나, 범죄사실이나 행동방식 등이 외관상 조직폭력배와 유사하여 경찰청 실무기능에서 '조직성'을 인정한 경우를 말한다. 경찰은 이러한 실질적 요건 외에 형식적으로 폭처법 제3조를 적용하고 구속인원이 5명 이상인 경우에만 조직성 폭력으로 인정하고 있다(경찰청 내부자료).

그러나 조직성 폭력은 조직폭력의 범주에서 배제하는 것이 타당하다.

왜냐하면 조직성 폭력은 조직폭력에서 볼 수 있는 통솔체계와 결합의 계속성 등을 인정할 수 없을 뿐 아니라 이들의 폭력은 경제적 이익을 위한 수단적 요소가 아닌 폭력 그 자체가 목적인 경우가 많기 때문이다(김기범, 2008: 22).

제 2 절 조직범죄의 특징

1. 美 '형사사법의 기준과 목표에 관한 국가자문위원회'의 특성 제시

① 불법적 수단에 의한 합법적 목표의 추구나 불법적 행동의 계획과 집행에 있어서 많은 사람의 공조를 요하는 음모적 활동
② 불법적 재화와 용역의 독점을 통한 경제적 이득의 확보가 주된 목적
③ 범죄조직의 활동범위는 불법적 용역을 제공하는 데에 그치지 않고 위협, 폭력, 매수 등의 약탈적 방법을 빈번하게 사용
④ 조직구성원, 관련자, 피해자 등에 대한 훈육과 통제가 매우 즉각적이고 효과적(조병인 외, 2010: 42)

2. Howard Abadinsky의 특성 제시

① 정치적 목적이나 이해관계가 개입되지 않으며, 개입이 있다하더라도 비이념적인 특성을 가진다는 특성
② 위계적 · 계층적이라는 점
③ 구성원이 제한적이며 배타적이라는 점
④ 조직 활동이나 구성원의 참여가 거의 영구적일 정도로 영속적임
⑤ 쉽고 빠른 목표달성을 위해 불법적 폭력과 뇌물을 활용
⑥ 전문성 내지 조직 내 위치에 따른 임무와 역할의 분업화
⑦ 폭력 또는 매수를 통해 특정 지역이나 사업 분야를 독점함
⑧ 합법적 조직과 마찬가지로 조직의 규칙과 규정에 의해 통제 (조병인 외, 2010: 43)

3. Haskell 과 Yablonsky 의 특성 제시

① 대기업이나 군대와 유사한 계층구조를 가짐

② 조직범죄는 통상 무력을 사용하거나 무력으로 위협

③ 조직의 운영, 인사관리, 정치인과 경찰과의 관계, 이익배분 등을 치밀한 계획하에 이행

④ 형사처벌로부터 면책을 위한 노력(법집행기관에 뇌물을 공여하거나 보호비용을 지불함으로써 경찰이 특정범죄 활동에 간섭하지 않게 하거나, 범죄활동을 보호하기 위해 정치적 압력을 가하거나, 범죄조직이 운영하는 기업에 경찰이 동업자로 참여하는 방법 등)

⑤ 관련된 집단의 지도자들끼리 서로 이해관계가 맞물려 있는 특징(조병인 외, 2010: 44)

제 3 절 조직범죄의 유형

1. 유형 분류의 기준

조직폭력의 유형분류는 조직폭력에 대한 개념정립의 명확화 뿐 아니라 수사와 공판단계에 있어 법률적용의 문제와 양형상 고려 등에 있어 큰 도움이 된다고 하겠다(양태규, 2003: 58).

조직폭력의 유형분류 기준은 학자마다 상이하다.

도중진은 조직범죄의 주체(자연인형과 법인형), 활동성질이나 조직화의 정도(단일형과 복잡형), 활동범위(지역형과 국제형), 목표 또는 행위형태(영업형과 테러형), 성질·특징·보호법익 및 위험성의 정도(전통형, 직업형 및 종족형)를 기준으로 분류하였다(도중진, 2004: 48).

첫째, 자연인형과 법인형은 조직범죄의 주체를 기준으로 조직범죄를 분류한 것인데, 조직범죄는 자연인에 의한 조직범죄와 법인에 의한 조직범죄로 분류할 수 있다는 것이다. 전자는 3인 이상의 자연인이 결성한 범죄조직에 의해 행해지는 범죄유형이다. 후자는 법인을 포함한 3개 이상의 행위주체가 결집하여 일종 또는 수종의 범죄를 공동하여 행하는 범죄유형으로 이에는 모든 법인, 법인과 비법인, 법인과 자연인 등의 경우가 포함된다. 이러한 분류방법의 의의는 조직범죄가 다수의 자연인에 의한 범죄만이 아니라 법인의 명의로 결성된 범죄조직도 존재한다는 것을 명확하게 밝히는 점에 있다. '조직범죄방지협약' 제10조는, ① 모든 체약국은 그 국내법의 원칙에 따라 조직범죄집단이 관여하는 중대범죄 및 당해 조약의 규정에서 정하고 있는 범죄에 가담한 법인의 책임을 규정하기 위하여 필요한 조치를 취하여야 하고, ② 체약국의 국내법 원칙에 따라 법인이 지는 책임은 형사상, 민사상 또는 행정상의 제재로 할 수 있으며, ③ 법인의 책임은 범죄를 행한 자연인에 대한 형사책임의 적용을 방해하지 않으며, ④ 모든 체약국은 특히 이 협약에 따라 책임을 지는 법인에 대하여 금전적 제재를 포함한 효과적이고 억지력이 있는 형벌 및 기타 제재를 확보하여야 한다고 규정함으로써 법인형의 조직범죄에 대한 처벌원칙을 천명하고 있다(도중진, 2004: 49).

둘째, 단일형과 복잡형은 조직범죄의 활동성질이나 조직화의 정도를 기준으로 조직범죄를 분류한 것인데, 단일형이란 특정범죄를 전업적으로 행하는 범죄유형으로 이에는 밀수, 절도, 통화위조, 마약밀매 등의 범죄를 집중적으로 반복하여 전업적으로 행하는 것을 말한다. 범행 단일화의 결과 성공률이 높고 검거에 대항하는 능력이 높은 점이 그 특징으로 지적된다. 복잡형은 수종의 범죄를 행하는 범죄유형이다. 이러한 분류방법은 범죄수사나 범죄학 연구의 측면에서 의미가 있다 할 것이다(도중진, 2004: 49).

셋째, 지역형과 국제형은 조직범죄의 활동범위를 기준으로 조직범죄를 유형화한 것이다. 지역형은 국내 일정지역을 중심으로 범죄를 행하는 조직범죄를 말하며, 국제형은 국경을 초월하여 2개국 또는 수 개국에 걸쳐 범죄를 행하는 조직범죄를 의미한다. 이와 관련하여 '조직범죄방지협약' 제3조 제2항은 국제범죄의 '국제성'에, 첫째 2개국 이상에서 행해진 경우, 둘째 하나의 국가에서 행해진 범죄이지만 그 준비, 계획, 지시 또는 통제의 실질적인 부분이 다른 국가에서 행해진 경우, 셋째 하나의 국가에서 행해진 범죄이지만 2개국 이상에서 범죄활동을 행하는 조직범죄집단이 관여한 경우, 넷째 하나의 국가에서 행해진 범죄이지만 타국에 실질적인 영향을 끼치는 경우 등을 포함시키고 있다(도중진, 2004: 50).

넷째, 영업형과 테러형은 조직범죄의 목표 또는 행위형태를 기준으로 분류한 것이다. 영업형의 조직범죄란 불법한 경제적 이익을 획득하기 위하여 3인 이상으로 결집된 조직범죄가 행하는 범죄로서, 예컨대 밀수집단, 마약류 밀매집단, 절도집단 등에 의한 범죄를 말한다.

이에 대하여 테러형의 조직범죄란 3인 이상이 일정한 정치적 목적 하에 테러활동을 행하기 위하여 결집한 범죄조직에 의한 범죄를 말하는 것으로, 일반적인 조직범죄의 특징을 갖는 이외에 정치적 범죄, 폭력적 범죄 및 국제적 범죄까지도 포함시킴으로써 국제적 테러조직범죄라고도 불린다(도중진, 2004: 50).

다섯째, 전통형, 직업형 및 종족형은 조직범죄의 성질, 특징, 보호법익 및 위험성의 정도를 기준으로 분류한 것이다. 전통적 조직범죄는 가족적 범죄라고도 말하는데 이탈리아의 마피아나 중국 역사상의 '청홍방(青紅幇)'이 그 전형적인 예라 할 수 있다. 또한 직업적 조직범죄란 일종 또는 수종의 범죄를 業으로 행하는 것으로 무기밀수, 마약류 밀제조 · 매매 등과 같은 특정영역에서 전문적인 범죄집단이 행하는 범죄를 말한다. 그리고 종족형의 조직범죄란 조직구성원의 민족 · 종교 · 언어 · 문화 · 역사 등을 기초로 결집된 배타적 범죄조직에 의한 범죄로 일반적으로 외부자는 이들 조직에 가입할 수 없는 것이 특징적이다. 예컨대 미국의 'KKK집단(KU-Klux-Klan)'이 이에 해당한다. 종족적 범죄조직은 국제적 조직범죄와는 다르다. 즉 국제적 조직범죄의 경우는 그 구성원이나 범죄행위가 2개국 혹은 수 개국에 걸쳐 있다. 예컨대 한국인과 중국인, 일본인과 중국인으로 결집된 조직밀항집단은 국제적 범죄조직으로 인정할 수 있지만, 종족형 범죄조직의 경우는 특정한 배경에 의해 결집된 집단이기 때문에 외국인이 그 주거하는 국가에서 범죄를 행하는 경우에 종족적 조직범죄를 인정할 수 있을 것이다. 예컨대 우리나라의 러시아계 범죄조직은 종족형의 범죄조직으로 그 범죄활동의 범위는 일반적으로 하나의 국가에 한정되는 것이 보통이다(도중진, 2004: 51).

이 외에도 양태규(2003)는 조직범죄의 유형을 조직의 규모(거대 · 중간 · 소조직), 계파의 형성방식(소 · 대계파 및 광역화조직), 활동영역 내지 이권확보방식(기생적 갈취형 · 자립적 대가형), 활동의 주종(주업적 · 부수적 활동), 조직운영형태(자영 · 기생조직), 조직범죄의 발전단계(약탈 · 기생 · 공생형 조직), 피해자의 감정(약탈형 · 갈취형) 등의 기준으로 분류하였다(양태규, 2003: 59).

안흥진은 조직의 생태(지역토착형 · 전통유지형 · 갈취형 · 기생형 · 생계유지형 · 상습폭력형), 조직의 형태(기업형 · 연합형 · 분산형 · 독자형 · 방계형 · 외주형)를 기준으로 분류하였다(안흥진, 2004: 41).

경찰은 전통적으로 활동분야(유흥업소, 채권채무 등 사채업, 건축 등 공사관련, 도박 등 사행행위, 서민상대 갈취, 경제이권, 마약 · 밀수, 기타)와 범죄유형(무허가 유흥업소 운영 등, 갈취폭력, 청부폭력, 보복 · 세력다툼, 마약 · 밀수, 기타)로 분류하였다.

위와 같은 유형분류법은 크게 두 가지로 구분할 수 있다. 그것은 '조직'과 '범죄'의 측면으로 '조직'의 시각에서 보면 조직의 규모 · 운영형태 · 계파의 형성방식 · 주체 등의 기준이 여기에 포함될 것이고, '범죄'의 시각에서는 활동영역 · 활동범위 · 이권 확보방식 · 생태 등이 포함될 수 있을 것이다(김기범, 2008: 25).

2. 주요 유형 분류 사례

Albini는 조직범죄를 게릴라, 테러리스트, 과격사회운동단체 등의 정치 사회적 목적의 조직범죄, 갱 절도나 강도 등 금전추구를 위한 약탈적 조직범죄, 폭주족과 같은 조직내부 지향적 조직범죄, 그리고 무력 등을 사용하여 불법활동을 하는 신디케이트 조직범죄로 유형화하였다. Albanese는 고리대금업, 매춘, 불법복권 등 불법서비스의 제공, 마약밀매, 장물매매와 같은 불법적 재화의 공급, 폐기물처리 등 합법적 사업에의 침투 등으로 조직범죄를 나누고 있다. Hagan은 조직범죄에는 범죄유형을 중심으로 보아 조직폭력, 무기밀거래, 불법약물거래, 불법장기밀매, 인신매매 등 다양한 유형으로 나누고 있다(이윤호, 2002).

이를 정리해보자면 다음과 같다.

1) Albini의 분류

① 사회적인 것으로 테러나 과격한 사회운동과 같은 정치적 범죄활동

② 금전추구 위주의 약탈적인 것으로 주로 갱과 같은 집단범죄

③ 심리적 만족을 주요 목적으로 삼는 폭주족 갱과 같은 집단내부지향적 조직범죄

④ 무력이나 위협을 통하여 불법활동에 참여하는 지속적 집단이나 조직으로서 공공의 수요가 큰 불법용역을 제공하며 정치적 부패를 통해 면책을 확보하는 신디케이트범죄

2) Albanese의 분류

① 고리대금업이나 매춘 등과 같은 불법적 용역의 제공

② 마약이나 장물과 같은 불법적 재화의 공급

③ 노조관련 이익갈취행위와 오물수거나 자판기사업관련 불법인수와 강탈 등의 합법적 사업에의 침투

3) Frank Hagan의 분류

① 조직폭력

② 무기밀거래

③ 불법약물거래

④ 불법장기밀매

⑤ 인신매매

4) Morash의 분류 (대검찰청 형사지식공개서비스 참고)

① 전초기지를 제공하는 등 불법적 경제활동을 지원하는 기업활동

② 보호비용을 요구하는 등 약탈적 착취

③ 경쟁을 제한하기 위해 전매나 카르텔을 형성

④ 공무원을 매수하거나 노조를 이용하여 불공정한 이점을 확보

⑤ 주식 등의 합법적 장치에 대한 불법적 이용

제2장 조직범죄의 성장

제 1 절 조직범죄 성장과정

제 2 절 폭력조직의 생성

제2장 조직범죄의 성장

제 1 절 조직범죄 성장과정

Edwin Stier 등(1987: 65-80)은 조직범죄가 (i) 약탈자로서의 조직범죄, (ii) 기생자로서의 조직범죄, (iii) 공생자로서의 조직범죄의 세 단계를 거쳐 성장한다고 보았다. 구체적인 내용은 다음과 같다.

첫 번째 단계는 '약탈자로서의 조직범죄' 단계이다. 조직범죄 진화 과정 중 초기에 해당되며, 주로 강도, 절도, 폭력에 의한 강탈 등 일반적인 노상범죄와 유사한 활동을 일삼는다. 그러다보니 외부에의 노출 가능성이 높을 수밖에 없고, 자연히 발각 및 처벌의 가능성도 높은 편에 속하며, 적발 시 사법당국의 수사망에서 벗어나기가 어렵다.

두 번째 단계는 '기생자로서의 조직범죄' 단계이다. 조직범죄 진화 과정 중 중기에 해당되며, 약탈자적 화동을 지양하면서 비합법적인 사업 영역에서 진출을 확대하는 단계이다. 매춘, 불법도박업 지원, 마약류 유통, 위조화폐 유통 등 비폭력적이면서도 불법적인 사업 영역에의 진출을 도모하며, 점차 불법적 활동고가 합법적 활동의 경계는 모호해지게 된다. 그렇지만 여전히 약탈자적 기법은 활용이 되며, 그러한 명성에 의존한다. 또한 비합법적인 사업 활동 행위의 보호를 위해 공직자를 매수하는 등 권력층에 기생하게 된다. 매수된 공직자의 비호, 불법적 활동과 합법적 활동의 경계 모호화 등으로 인해 '약탈자로서의 조직범죄' 단계에 비하여는 처벌이 곤란해진다.

세 번째 단계는 '공생자로서의 조직범죄' 단계이다. 조직범죄 진화 과정 중

후기에 해당되며, 일반적인 노상 약탈범죄는 지양되고, 합법적 사업에의 진출·관여가 증가한다. 합법적 재화와 용역을 제공하며 시장의 사업자들과 경쟁하게 되지만, 실제로는 여전히 불법적 활동의 은폐수단으로 합법적 사업을 이용한다(조병인 외, 2010: 34). 전대양 등(2004: 36)은 공생자 단계에서는 래커티어(racketeer, (부정한 방법으로 돈을 버는) 모리배 내지 협잡꾼) 이미지가 외부적으로는 쇄신될지도 모르나, 바로 이 시점에서 조직범죄의 가치체계가 사회에 미치는 악영향은 더욱 지대해질 수 있다고 보았다. 공생자 단계의 조직범죄집단은 기생자적 집단의 불법적 시장과는 달리 합법적인 시장원리에 따라 사회의 정단한 수요를 만족시키지만 그 자체가 부패를 의미한다는 것이다. 이들은 앤더슨(A. G. Anderson)의 견해를 들어 조직범죄가 합법적 사업에 관여하는 이유를 다음과 같이 소개하였다(전대양 등, 2004: 36).

① 합법적 사업은 불법적 활동의 은폐 기회를 제공한다.
② 합법적 사업은 불법수익의 돈세탁 기회를 제공한다.
③ 합법적 사업은 공개가 가능하여 합법적 수입으로 가장하기에 최적의 조건을 제공한다.
④ 합법적 사업은 관련 사업가와 친밀한 관계를 제공한다.

즉, 공생자 단계로의 진입 그 자체가 우리 사회가 조직범죄를 척결 적절한 시기를 놓쳤으며, 조적범죄 정화의 여지가 줄어들었음을 의미하는 것으로 볼 수 있으며, 처벌의 여지와 관련하여서도 '기생자로서의 조직범죄' 단계에 비하여 또 한층 처벌이 어려워지는 문제가 있다.

조직범죄의 여러 활동 영역에 따라 다르겠지만, 일반적으로 전문가들은 우리나라의 조직범죄 성장 수준은 기생자 수준의 단계를 벗어나고 있으며, 공생자 수준의 단계에 진입하고 있는 과정에 있다고 진단하고 있다.

제 2 절 폭력조직의 생성

1. 생성원인

이윤호(2008: 288-289)는 폭력조직의 생성원인으로 (i) 개인적 위험요인, (ii) 학습으로 인한 요인, (iii) 자연발생적 본능 요인, (iv) 소외에 대한 대응 등을 들고 있다.

첫째, 개인적 위험요인과 관련하여, 지위의 불안, 빈곤, 실업, 가정의 역기능, 교육기회의 불평등, 인종차별 등 개인이 소속된 사회에서 받는 위험들이 폭력조직에의 가담을 증진시킬 수 있다는 것이다.

둘째, 폭력물 등을 시청하며 폭력을 동경하는 등 각종 매체를 통한 모방학습이 이루어지거나, 비행친구와 어울리는 등 실제적인 폭력에의 학습이 이루어지는 경우 등 조직범죄와 폭력성에 대한 학습도 조직폭력 가담에의 원인이 될 수 있다.

셋째, 인간은 본래 집단을 이루어야 생산, 보호, 식량획득 등이 요이해지므로, 조직 · 집단을 형성하고자 하는 본능이 존재하며, 인류학자들은 이러한 자연발생적인 인간의 본능도 조직폭력 생성의 원인이 될 수 있다고 본다.

넷째, 개인은 소외와 박탈로 인해 위협받고 있다고 느낄 때 집단에의 가담 가능성이 높아지며, 유사한 처지의 사람들끼리 의지하며 위안과 위로를 나누고자 하는데, 폭력조직 구성원들도 주류 사회로부터의 소외와 박탈에 대한 대응으로 조직 결성 · 가담을 하게 되며, 조폭 집단 내에서 비슷한 처지끼리 상호 심리적 위안을 추구한다는 것이다(이윤호, 2008: 288-289).

2. 폭력의 행사

첫째, 조직 간의 폭력을 상정해 볼 수 있다. 이권 다툼, 세력 다툼 등의 수단으로 각 조직 간에 폭력이 사용이 되는 경우이다. 둘째, 이권에 청부 개입된 경우에도 폭력 등 물리력이 문제 해결 수단을 사용되곤 한다. 셋째, 조직 내부에서 반란을 일으킬 때도 그 수단은 폭력이며, 마찬가지로 그러한 반란 · 도전을 진압할 때도 폭력이 동원된다. 기타 내부 결속을 위하여 또는 대외적으로 존재감을 과시하기 위하여 별 다른 이유없이 일부러 싸움을 벌이기도 한다(이윤호, 2008: 291).

3. 우리나라 조직폭력의 성장배경

이윤호(2008: 259)의 견해를 참고하자면, 우리나라에서 폭력조직이 특히 성장할 수 있었던 고유한 배경으로 (i) 사회적 차별이나 경제적 불평등 등 사회적 소외, (ii) 사회적 차별이나 경제적 불평등 등 사회적 소외, (iii) 정치권 또는 기업 등의 부패 등을 들 수 있다.

첫째, 조직폭력의 성장은 사회적 차별이나 경제적 불평등 등 사회적 소외의 산물이라고 볼 소지가 있다. 유례없이 집중적인 고도 경제 성장을 거치며, 발전 · 성장지향적인 가치 양산 · 팽배는 사회적 소외를 증대시켰고, 이는 소외와 박탈, 차별을 낳기도 하였다. 둘째, 사회적 차별이나 경제적 불평등 등 사회적 소외의 영향도 있을 것이다. 지역사회에서 유흥, 향락업소, 퇴폐업소 등이 성장함에 따라 그만큼 범죄조직이 기생하고, 자금을 마련할 수 있는 여지가 켜졌기 때문이다. 셋째, 정치권과 기업 등 우리사회에 있어서 헤게모니를 쥔 집단들의 부패도 조직폭력의 성장배경이 되고 있다. 정치와 조폭이 유착하고, 부패한 재벌에 기생을 하게 되면서 범죄조직을 명맥을 잇고, 양적 · 질적 성장을 추구할 수 있었다. 이는 폭력조직을 비호하는 주변세력으로 작용할 수 있다. 즉, 범죄조직이 위험에 처하게 되는 경우에 비호세력을 이용하여 도움 또는 비호를 받아 처벌의 위험으로부터 벗어날 수 있다는 것이다(정신교, 2005: 242).

4. 조직 명칭의 유래

1) 우리나라 폭력조직 명칭의 유래

방성수(2003: 13)가 검찰이 실시한 조사를 토대로 밝힌 결과를 보면, '조직의 이름을 스스로 지었다'고 답한 조폭 수감자는 18%에 불과했다고 한다. '검찰이나 경찰 등 수사기관에서 지었다'가 44%, '외부에서 붙여줬다'는 17%였다. 조직 스스로 조직의 이름을 짓는 일은 때로는 대담하고 무모한 것으로 치부될 수 있는데, 검거 · 적발되었을 경우, 조직의 이름이 있는 것과 없는 것의 처벌 수위 차이가 워낙 크기 때문이다. 즉, 폭력조직들은 '조직'이란 말의 사용을 꺼리고 있다는 것이다(방성수, 2003: 14).

위에서 살펴본 바와 같이, 조직의 이름은 수사기관에 의해 지어지는 경우가 가장 많은데, 수사기관들이 조직의 이름을 지을 때도 다음과 같은 몇 가지 규칙이 있다고 한다(방성수, 2003: 15).

(i) 동네 이름이나 관할 구역에서 따오는 경우가 있다.

(ii) 두목의 이름에서 따오는 경우가 있다.

(iii) 조직이 주로 활동하는 무대, 당구장이나 다방의 이름을 따는 경우도 있다.

(iv) 활동 구역에 인접해 있는 문화재 등 명소의 이름에서 따온 경우도 있다.

2) 마피아의 어원

마피아(Mafia)라는 단어는 13세기에서 19세기에 걸쳐 이탈리아 시칠리아 섬 서부 농촌지역에서 발생했을 것으로 일반적으로 추정되는데, 그 어원에 대한 분명하고 완벽한 설명은 존재하지 않는다. 다만, 마피아 단원들의 주장이나 기타 여러 정황을 토대로 추측할 수 있을 뿐이다.

일부 마피아들은 이 단어가 '피난처' 혹은 '보호하다'라는 의미를 가진 아랍어 '무 아파(mu afah)'가 와전된 것으로 9~12세기 동안 시칠리아 섬을 점령한 무어족에 대한 시칠리아인들의 저항을 가리킨다고 주장한다.

또는 '마피아'는 과거 이탈리아 시칠리아 섬이 프랑스의 침략을 받았을 때 비밀조직들이 프랑스군에 저항하며 투쟁의 서약으로 외쳤던 "Morte Alla Francia Italia Anelia" ("모든 프랑스인에게 죽음을, 이탈리아는 절규한다")의 머리글자에서 따온 것이라고도 한다.

한편 '자신만만한'이라는 뜻을 가진 시칠리아 섬의 팔레르모(Palermo) 지역 방언인 '마피오소(mafioso)'에서 유래했다는 설도 있다(추미란 역, 2008: 14). 방성수(2003: 18)는 이탈리아어 대백과사전의 설명을 들어, '시칠리아에서 재간, 용기, 우월, 성취에 관한 천부의 재능을 의미하는 말'이라는 설명을 덧붙이기도 한다.

3) 야쿠자의 어원

일본 조폭의 대명사인 '야쿠자'는 일본어 숫자인 '8(야) · 9(쿠) · 3(산)'에서 유래했다는 것이 정설이다. 일본 도박의 일종인 '도리짓기 땡'에서 가장 쓸모가 없는 패로 '8 · 9 · 3'이 꼽힌다고 한다(방성수, 2003: 17). 이렇듯 '아무런 쓸모가 없는 자들'이라는 냉소와 비아냥이 야쿠자의 어원이 되었을 것이라는 것이다.

이하에서는 염장호(2001: 160-172)의 설명을 중심으로 '야쿠자'의 기원을 살펴보기로 하겠다. 야쿠자의 기원은 16세기경의 가부키모노(歌舞仕者)에서 찾는 경우와 얏꼬(町奴)에서 찾는 경우가 있다. 그러나 이들 모두 청부업자의 형태를 띠고 있었으며 실제 활동내용들 살펴보면, 이들 두 부류를 전부 야쿠자의 기원으로 보는 것이 타당하다고 하겠다.

그렇지만 야쿠자라고 불리는 조직이 등장한 것은 18세기부터이다. 즉 18세기 중반에 우리나라의 보부상과 같은 떠돌이 행상집단인 데끼야(的屋)와 전문 도박집단인 바쿠토(博徒)를 모체로 성장하였다. 당시 데끼야의 주 수입원은 교통과 운송수단인 말을 관리하는 마구간 관리업무였다. 업무의 전반은 오야붕(親分)이 관장하고 세부적인 업무는 꼬봉(子分)이 수행하였다. 이처럼 데끼야는 합법적인 기업의 형태로 운영되었고, 각 지방영주의 허가를 받아 합법적 사업을 수행하고 세금도 정식으로 납부하였다. 일부 지역에서는 조직간의 분쟁을 막고 지역의 상권을 보호하기 위해 특정 데끼야 조직의 오야붕을 관리관과 같은 공무원으로 임명하기도 하였다. 이들에게 공적인 신분이 부여되자 활동이 강화된 측면도 있었지만, 반대로 물건을 강매하거나 싼값에 구입하여 고가로 속여 파는 일이 발생하기도 하였다.

대부분의 데끼야는 사회 내에서 천대받는 하류계층이었는데, 특히 일본 하층계급의 하나인 바라쿠민(部落民)들이 데기야 조직에 편입 되면서부터 사회적 활동양상이 완전히 변하게 된다. 바라쿠민의 데기야 편입으로 그 세력은 급속히 확대되었으며 전 일본을 장악하는 범죄조직으로 변모하게 된다. 1867년 자료에 의하면, 전체 일본인구 약 3천3백만 명중 40만 명이 바라쿠민이고 이들은 현실적인 환경적 요인에 의해 범죄를 저지르게 되는 것이었다. 공식적으로는 1871년 바라쿠민 차별금지법이 제정되어 그들에 대한 제도적인 차별은 금지되었지만, 사회적인 관습에 의한 차별은 지속되었고 이것이 나중에 야쿠자를 키우게 되는 주요원인으로 작용한다.

허름한 뒷골목을 중심으로 활동하는 데끼야와 달리 바쿠토는 화려한 카지노를 무대로 하는 고등범죄자들이라고 할 수 있다. 바쿠토는 지방의 영주(쇼군; 將軍)를 제압하는 수단으로 사용되기도 하였다. 도쿠가와 막부정권은 막강한 군사력을 지닌 지방의 영주를 제압하기 위해 그들의 자녀를 볼모로 에도(江戶)에 두고, 매년 1 회 수도의 자녀를 방문하게 하였다. 지방영주의 방문은 수도의 유흥접객업소를 발전시키는 결정적 원인이 되었으며 , 지방영주는 고급숙소에 묵으면서 바쿠토와 도박판을 벌이기도 하였다. 또 바쿠토는 상인이나 공사책임자의 청탁을 받고 이들로부터 임금을 지급받은 공사판 또는 부두가의 노동자들을 도박판에 끌어 들여 지불한 노임을 회수하는 수단으로도 이용되었다. 즉 많은 노임을 지불해야 하는 상인이나 공사 책임자는 자신들이 지불한 오임을 회수하기 위해 전문적인 도박사인 바쿠토를 고용하거나 청탁하게 된 것이다. 현재의 야쿠자가 카지노와 도박업으로 엄청난 자금을 모운 것이나, 정계나 건축업계와 밀접한 관련을 맺고 있는 것도 바쿠토의 이러한 활동과 무관하다고는 할 수 없을 것이다. 바쿠토와 데끼야 조직은 점차적으로 정치권에 가까워지기 위한노력을 하면서, 특히 국가에 대한 절대적 충성을 내세우는 극우주의의 성향의 폭력조직으로 변모하기 시작한다(이경렬 외, 2004: 61).

4) 삼합회의 어원

중국 · 홍콩 · 대만 등을 지배하고 있는 삼합회(三合會)는 1674년, 중국 복건성 소림사 승려 5명이 명나라 복원을 위해 천지회(天地會)하는 민간 비밀단체를 결성, 아편전쟁과 공산혁명을 거치면서 범죄조직으로 변질되었다고 한다. 삼합은 천(天) · 지(地) · 인(人)의 조화, 즉 우주만물의 조화를 뜻한다(방성수, 2003: 18).

1644년경 중국 동북쪽의 변방족 만주인들이 이런 혼란을 틈타 명왕조를 전복시키고, 새로운 왕조인 청나라를 개국하였다. 청조는 엄격한 독재체제로 지배층에 대한 어떠한 반대에 도 혹독한 탄압을 가하였다. 따라서 많은 사람들이 청조에 대해 공공연히 반대하지 못하고 오직 비밀집단을 조직해 저항 하였다. 그중 백련교가 가장 오래된 비밀조직이었으며, 이 비밀조직이 그 후 라교, 천지회(또는 홍문회)로 이어져 왔다. 후에 홍콩에 거주하는 유럽인들이 그 이름을 삼합회라 부르게 되었는데 그 단체의 깃발이 삼각형 모양을 하고 있었기 때문 이다.

이러한 삼합회의 기원인 홍방(紅幇)은 현재 지방으로 분화되어 전국적인 중앙부가 존재하기 않게 되었다. 창립 당시에는 오대공소를 설립하여 각 공소에 몇 개의 성을 분소시켰는데 세월과 함께 공소의 존재도 애매하게 되고 대집회의 개최도 흐지부지 되고 말았다. 중국 비밀결사의 특수성은 회원 상호간의 평등제와 두목의 독재체제의 양면을 겸하고 있다는 점이다. 특히 정치결사의 색채가 짙은 삼합회에 그런 특색이 강하다. 평소 회원은 상호부조하는 생활을 기능적으로 실천하고 있다.

일단 입회한 자는 모두 형제이며 같이 죽고 같이 살 것을 맹세하고 회의 서사 및 율법에 있는 36서, 21칙, 10금, 10칙에 복종해야 한다. 그리고 규율은 국가의 형법 이상의 형벌과 위압으로 실행되고 있다.

이와 반대로 청방(靑幇)의 기원은 청나라 조정이 초기에 강소성의 양주에서 북경부근의 통주까지 대운하에서 미곡을 운반하는 권리를 한민족 회유책의 하나로 한인 전(錢) · 옹(翁) · 반(潘)이라는 세 사람에게 주었는데 그 세 사람을 두목으로 조직한 비밀결사이다. 청방은 처음부터 반체제측에 섰던 삼합회와는 달리 체제옹호의 입장을 취했다. 청방의 본래 이름은 안청방(安淸幇)으로 불렸는데 편안하게 한다는 뜻에서 붙인 이름이었다. 그 후 안청의 안을 빼고 '청(淸)'자를 '청(靑)'으로 고쳐서 청방(靑幇)이라고 부르게 된 것이다. 청방은 19세기 중엽 대운하의 교통이 두절되자 육지에 올라가 협기를 부리는 불량배가 되었다. 시가지에 세력권을 형성하여 교통노동자, 수공업자, 상점원, 하급경찰관 속에 세력을 부식했다. 중화민국 이후 그들은 아편굴, 도박장, 창녀집을 경영하였으며, 간부는 정계 · 재계에까지 진출하여 1927년의 공산당 탄압과정에서는 노동자들에게 총을 쏘는 일까지도 있었다. 이와 같이 그들은 청조이래 장개석정권에 이르기까지 체제측의 입장에 섰고, 중공체제 후에도 모택동에게 평화를 호소하는 등 지금도 상해에서 청방의 세력은 그대로 남아 있다(이존걸, 2003).

제3장 조직범죄 이론

제3장 조직범죄 이론

제 1 절 조직범죄 모델 이론

1. 대통령위원회 모델

1986년 미국 레이건 행정부는 조직범죄에의 대처를 위하여 '조직범죄에 대한 대통령위원회(PCOC, the President's Commission on Organized Crime)'를 구성하였는데, 이 위원회에의 보고서에는 범죄조직체계를 범죄그룹 · 보호자그룹 · 전문가 지원그룹 · 사용자 지원그룹 · 사회적 지원그룹 등으로 구분하였다.

범죄그룹은 조직범죄의 핵심그룹으로서 돈과 권력을 얻기 위해 폭력 · 범죄 · 부정을 행하는 자들로 구성되며, 이 그룹의 특징으로는 (i) 지속성(마치 구성원들의 직장과 같은 역할), (ii) 계급구조(범죄조직의 특수한 기능에 따라 계급구조를 가짐), (iii) 구성원 간의 공통요소(민족, 인종, 범죄적 배경, 공통의 이익 추구 등), (iv) 범죄성(불법적인 재화 · 용역 제공, 조직의 이익 위해 살인 · 부정수입 · 뇌물 등 수단 사용), (v) 폭력 내지 폭력적 위협(조직의 이익을 위해, 조직을 통제하기 위해, 조직을 보호하기 위해 폭력과 위협 사용), (vi) 권력추구(조직보호를 용이하게 하기 위하여 공무원 매수, 정치적 영향력 확보 등의 노력) 등을 들 수 있다.

보호자그룹은 범죄조직에 의해 매수된 공무원, 사법관료, 회계사 · 세무공무원, 기업인 등으로 구성되며, 권한과 지위를 오남용하여 범죄조직의 이익을 옹호한다. 주로 처벌로부터 범죄조직을 보호하는 것에 초점이 맞추어진다.

전문가 지원그룹은 범죄그룹처럼 범죄적 목표가 뚜렷하지는 않으나, 특수한 전문적 영역에서의 기술적 지원 등을 통해 조직의 목표달성에 도움을 주는 집단이다. 주로 금전적으로 고용되었거나 상호 조력관계에 있는 경우가 많으며, 파일럿, 화학전문가, 방화전문가, 하이재커 등이 이에 해당한다.

사용자 지원그룹은 불법적 재화나 용역을 구매할 소비자를 소개·알선하거나, 중간도매를 통하여 유통시키는 집단이다. 마약 사용자의 주선, 밀수금괴 유통, 음란물 중간도매 등의 역할을 한다.

사회적 지원그룹은 조직범죄나 범죄조직의 합법화에 기여하는데, 즉, 정치계에서 일부 마약을 합법화하는 입법을 한다든지, 실업계에서 범죄조직과 연계하여 사업을 꾀한다든지, 지역사회의 지도자 모임에 범죄조직 주요인물을 초청하는 것 등의 역할을 한다. 주로 범죄조직의 사회적 영향력 확대 조력에 초점을 두고 있다(전대양 외, 2004: 37-40).

2. 계급주의형 모델(Hierarchical Model)

Hierarchy라는 단어의 뜻을 사전에서 찾아보면 "어떤 조직의 구성과 운영을 위해 여러 사람이 그 조직 내에서 계급과 지위를 가지고 위계질서에 의해 운영되는 것" 이라고 나와 있다. 흔히 이야기하는 권위주의형 조직구조에서 이 Hierarchy라는 단어가 자주 사용되고 있는 것이다. 조직범죄 특성을 이야기 할 때 조직범죄단이 자체적으로 가지고 있는 규율구조에 대해서 많이 다루었으며 여러 학자들도 이같은 점이 조직범죄단이 가지고 있는 가장 큰 특징이라고 주장하고 있다.

계급주의형 모델이 나오게 된 것은 1963년 미국상원청문회에서 증언한 전직 마피아보스 발라치(Valavhi) 때문이었다. 그는 조직범죄단 구성과 살인,

폭행교사, 탈세혐의로 연방교도소에 10년형을 살게 되었으며, 사형을 면하는 대가로 상원청문회에서 증언하기로 하였다. 그는 상원 청문회에서 조직범죄단이 일정한 계급구조를 가지고 있음을 증언하였다. 그의 증언으로 조직범죄단이 계급체계를 가진 권위주의형 조직으로 이루어져 있음을 직접 알게 되었다. 발라치는 1950년대부터 전미국을 무대로 활동하는 조직범죄단이 있었으며, 그 이름이 정확하게 라 코자 노스트라(La Cosa Nostra)라고 이야기 하였다. 그는 마피아라는 이름은 들어보지 못했으며 코자 노스트라가 공식 명칭이라고 지적하였다. 당시까지만 해도 수사기관은 코자 노스트라가 공식 명칭이라고 지적하였다. 당시까지만 해도 수사기관은 코자 노스트라라는 이름을 전혀 파악하지 못하였던 것으로 알려져 큰 충격과 반향을 일으켰다.

미국내 조직범죄단이 통합되기 시작한 것은 1930년대 부터였다. 특히 금주법 시대에 술을 팔 수 있는 상권을 선점하기 위해 대대적인 조직간의 전쟁이 벌어졌으며 그 과정에서 많은 조직이 흡수 또는 파괴되었다고 증언하였다. 그는 조직범죄의 내부구조로 공식화되어있는 조직범죄단의 4계급을 이야기하였는데, 카포(Capo), 언더카포(Under Capo), 카포레지메(Capo Regime), 솔져(Soldier)의 4계급 구분이 이에 해당한다.

마피아 조직은 각각 패밀리(Family)라는 명칭으로 나뉘어지며, 이것이 나의 계파 역할을 하고 있다. 패밀리명(Family Name)은 그 조직범죄단의 결속과 단결을 나타내는 개념이다. 따라서 어떤 패밀리에 소속되었는가를 이탈리아계 조직범죄단에선 가장 중요하게 여기고 있다.

계급주의형 모델은 전적으로 발라치의 증언을 토대로 만들어진 것이며, 그의 이야기가 거의 90% 이상을 차지하고 있다. 그 이후에 마피아의 조직에 대해 정확하게 이야기된 기록은 나와 있지 않으며 1963년 증언을 가지고 지금도 마피아조직을 이야기하고 있는 것이다. 현재 국내에서 나와 있는 조직범죄 관련논문이나 서적은 전부다 발라치의 이야기를 기준으로 마피아에 관한 이야기를 기술하고 있어서 그 정확성이 많이 떨어진다고 생각된다.

1960년대에 들어서는 미국내에서도 발라치의 증언을 기준으로 만든 계급주의 모델에 대해 상당히 회의적인 생각이 지배적인 상황이었다. 1967년 미 대통령 조직범죄 특별조사위원회에서는 별도의 조사를 거치지 않고 그 증언을 그대로 인용하였는데 이 부분 중에 발라치의 증언 일부가 허구라고 비판받았던 부분까지도 그대로 인용하는 오류를 지적해 당시 많은 매체에서 상당한 비판을 받아야 했다고 한다.

1970년대 들어서는 이러한 오류를 시정하고 정확한 실태를 파악하기 위한 차원에서 조직범죄에 대해 많은 조사와 연구가 시행되었다. 이들의 조사에서 공통적으로 나오는 결과는 아무리 심도있는 조사를 해도 조직범죄단이 가지고 있는 4단계 계급체계가 잘 드러나지 않고 있다는 점이다. 그리고, 1980년대에 들어서기 전까지는 계급주의 모델에 대한 정보가 많이 없었다. 하지만, 레이건대통령의 선언으로 시작된 범죄와의 전쟁으로 인해 많은 조직 단원들이 재판정에 서게 되었고, 그간 알지 못했던 많은 사실들이 밝혀졌다. 이러한 과정을 통해 바라치의 증언이 모두 사실임이 입증되었으며 계급주의형 모델이 하나의 조직범죄 모델로 확정되는 계기가 되었다. 계급주의형 모델은 조직범죄단이 어떻게 운영되고 있는가를 가장 실증적으로 알려주는 모델로 자리잡고 있으며 조직범죄를 이야기할 때 가장 많이 인용되고 있는 유형이다(염장호, 2001: 113-116).

3. 코자 노스트라(Cosa Nostra) 모델

이탈리아 남부 시칠리아의 마피아 조직인 코자 노스트라(Cosa Nostra, '우리의 것'이라는 뜻)의 조직구조를 빗댄 것으로 미국 마피아의 조직구조에 영향을 미친 것으로 알려져 있다. 통상 미국 마피아를 '코자 노스트라'라고 칭하기도 한다.

크래시(Donald Cressey)[1]는 이러한 조직구조에 초점으로 두어서 '관료제'적 조직으로서의 범죄조직을 설명하며, 이러한 관료제의 계급구조로 보스 · 자문위원 · 부두목 · 지부장(행동대장) · 행동대원 등을 들었다.

1) 보스

- 최고지도자. 조직을 통제하고 조직 사업권에 대한 결정을 함. 대개 오랜 기간 조직에 많은 헌신을 한 조직의 최고멤버

2) 고문(자문위원)

- 보스 가까이에서 조직의 운영 · 기획 · 발전에 관하여 자문 · 조언하는 사람. 법률이나 재무 전문가인 경우도 있음. 충고자 역할.

3) 부두목

- 두 번째로 높은 계급. 보스를 보좌하고 보스의 부재 시 임무를 대행.

4) 지부장(행동대장)

- 부두목 아래에서 각 지부 및 사업분야를 거느리고 중간관리자의 역할을 하는 자. 지부장의 가장 중요한 역할은 조직의 상부와 하부를 잘 조정하고 원활한 의사소통이 이루어지도록 하는 것.

---

1) 〈참고〉 크레시가 밝힌 미국 마피아의 주요 행동강령
- 조직원에게 충성하라. 다른 조직원들의 이익을 방해하지 말고 밀고자가 되지 마라.
- 항상 명예로운 조직원이 되라. 여성과 손윗사람을 공경하라. 평지풍파를 일으키지 마라.
- 이성적인 조직 구성원이 되라. 이길 수 없을 때는 싸우지 마라.
- 정정당당한 조직원이 되라. 항상 눈과 귀는 열고 입은 닫고 있어라. 배신자가 되지 마라.
- 일류가 되라. 독립적이 되라. 스스로 해야 할 일을 알아라.

5) 행동대원

- 가장 낮은 계급. 지부장의 통제를 받으며 범죄를 실행에 옮김. 지역 사회의 활동가능한 조력자 및 하수인과 연계를 맺음.

6) 위원회

- 1986년 '조직범죄에 대한 대통령위원회(PCOC, the President's Commission on Organized Crime)'의 보고에 따르면, 미국의 경우 마피아의 최고 실력자들로 구성된 위원회가 존재한다고 하며, (i) 뉴욕·버팔로·시카고·필라델피아의 두목으로 구성된 위원회, ii) 뉴욕의5대 패밀리 두목으로 구성된 위원회 등이 그 예라고 한다. 위원회는 범죄조직·간 사업조율, 분쟁조정, 새로운 조직의 가입여부 결정 등을 다룬다(전대양 외, 2004: 40-43).

4. 보호자-고객 모델

앨비니(Joseph Albini)가 디트로이트市에서의 조직범죄 연구 결과 밝힌 모델론으로, 범죄조직은 조직을 보호해주는 보호자 집단, 그리고 조직의 이윤 창출의 대상인 고객 집단과의 집합 및 유대를 통해 구성되어 있다고 보는 유형론이다(전대양 외, 2004: 43-44).

5. 기업 모델

스미스(Dwight Smith)의 「마피아의 신비」라는 책에서, 조직범죄도 마치 합법적인 시장에서의 거래원리인 수요와 공급의 원리에 충실하며, 이러한 거래의 원리를 불법시장으로 확장하고 있다고 설명하면서, 마피아를 공급자로 표현하고 마피아가 공급하는 재화나 용역을 요구하는 수요자들의 요구를 마피아가 충족시켜준다고 보았다(전대양 외, 2004: 45). 이러한 메카니즘이 마치 기업의 작용과 유사한 듯 보인다고 하여 '기업 모델'이라고 불린다.

6. 범죄 네트워크 모델

챔블리스(William Chambliss)는 시애틀 시(市) 조직범죄 연구 결과, 범죄조직은 중앙 통제장치 없이 지역사회의 정치적·경제적·사회적 여건의 구성에 구성원들이 잘 적응하기 위한 일련의 범죄 네트워크라고 보았다. 범죄조직 내부의 중앙통제장치가 아닌 범죄조직 외부의 무엇이 조직을 통제한다고 보며, 특히 강력한 정치적·경제적 힘이 불법시장과 불법시장에서의 조직범죄를 형성한다고 주장하였다. 조직범죄를 힘있는 사업가나 사법관료, 정치세력가들과 실제의 조직범죄자들(매춘, 도박, 음란물 유포, 마약범죄자 등) 간의 네트워크로 인식하는 것이다(전대양 외, 2004: 45).

7. 가족 모델

이아니(Francis Ianni)는 아프리칸-아메라칸 조직범죄 및 푸에르토리코 조직범죄에 대하여 수행한 연구 결과, 조직범죄를 다른 사회조직과 같은 공식적 조직성보다는 친족이나 인종적 집단으로 가장 잘 설명할 수 있다고 주장하였다. 그는 '인종적 계승 이론(ethnic succession theory)'을 주장하였는데, 새로운 이주그룹들은 경제적인 곤란과 성공 기회에의 도달 곤란 등으로 차별에 직면하게 되며, 이러한 장애를 극복하기 위한 하나의 수단으로 미국에서의 조직범죄가 발생하게 되었다는 것이다(전대양 외, 2004: 46-47).

8. 동업자 모델 (동반자 모델)

홀러(Mark Haller)는 범죄조직들은 형님-동생의 관계를 유지하며, 동업자 내지 동반자의 관계를 유지하며, 이를 통해 불법적 사업을 유지·발전시킨다고 주장하였다(전대양 외, 2004: 47).

9. 신디케이트 모델

신디케이트(syndicate)란, 동일 시장 내의 여러 기업이 출자하여 공동판매회사를 설립하여 일원적으로 판매하는 조직을 의미하며, 참가기업은 생산면에서는 독립성을 유지하나 판매는 공동판매회사를 통해서 이루어진다. 즉, 경쟁을 피하기 위하여 제품의 판매를 개별기업으로부터 공동판매 기관으로 옮기고, 생산 할당이나 합리화를 지도하여 시장지배력을 강화하려는 기업조합(企業組合)을 의미한다.

블록(Alan Block)은 1930~1950년대 뉴욕 지역의 조직범죄 역사에 관하여 연구를 수행한 결과, 조직범죄의 두 가지 특수한 형태로 '① 기업적 신디케이트'와 '② 힘의 신디케이트'가 존재한다고 주장하였다.

1) 기업적 신디케이트 (enterprise syndicate)

- 도박·매춘·마약 등 불법 상품과 서비스를 제공하는 조직범죄
- 상품과 서비스를 사용하는 많은 소비자와 중간배급자가 있기 때문에 많은 인원으로 구성되며, 이를 통제하고 업무를 분업화하기 위하여 관료적인 체제를 갖기 마련

2) 힘의 신디케이트 (power syndicate)

- 폭력과 같은 힘을 사용하는 덜 구조화되고 유연한 조직
- 업무가 체계적으로 수행되지 않으므로 덜 분업화적임
- 조직의 목표는 조직의 힘을 지속적으로 보여주는 것이며, 기본적 무기는 폭력. 즉, 폭력과 위협을 통해 시장에서의 통제권을 확보하고자 함.

그는 힘의 신디케이트는 생존에 한계가 있고 붕괴되기 쉬우며, 점차 기업적 신디케이트로 변화되는 경향이 있다고 주장하였다(전대양 외, 2004: 47-48).

10. 민족 - 지역주의형 모델 (Local & Ethnic Model)

조직범죄를 이해하기 위해선 그 인적구성을 먼저 살펴보아야 한다. 민족-지역주의형 모델은 수평적 인적구성을 기본으로 삼고 있다. 마피아나 일본의 야쿠자, 홍콩의 삼합회를 보면 전부가 하나의 인종적 구성을 가지고 있다.

이 같은 인종적 구성은 조직범죄를 계속적으로 이어져 나가게 만드는 가장 큰 원동력이 된다. 물론 조직의 와해가 다른 유형의 조직보다 훨씬 어렵고, 깨지기도 힘들다. 이같은 점이 조직범죄를 민족화하게 만들었다고 보는 것이 올바른 시간이라 여겨진다. 가장 전형적인 예라고 말할 수 있는 마피아를 보면 이들은 이탈리안이라는 의식을 강하게 가지고 있다.

소규모 마피아조직은 계급주의형 조직형태를 띄고 있지 않다. 이보다는 오히려 민족-지역주의형 모델을 나타내고 있다고 보는 것이 옳을 것이다. 무엇보다도 이들은 횡적인 연대를 통해 조직을 운영해간다. 형이 행동대장이고 동생이 행동대원이며 이웃집 친구가 장물아비의 역할을 하는 식으로 자신의 역할이 분업화 되어 있으며 가계적 사업으로 범죄를 행하고 있다.

이아니(Ianni)부부는 조직범죄에 대한 연구에서, 소규모의 마피아 조직은 조직원 상호간에 긴밀한 문화적, 경제적 연결고리를 가지고 있으며, 범죄행위를 생계수단으로 삼고 있다고 지적하였다. 특히 소규모의 국한된 지역을 활동영역으로 하고 있으면서 자신의 관할구역을 지키고자 노력한다는 점을 강조하여 전국적인 규모의 마피아와 비교되는 차이점을 이야기 하였다.

1970년대부터 시행된 많은 조직범죄에 관한 연구들은 조직범죄의 특성이 가정적인 것, 횡적 상호연대관계를 띄는 것이 훨씬 많다는 결과를 보고하였다. 지역적으로도 소규모지역을 단위로 활동하는 조직이 거의 절대 다수를 차지하고 있을 정도로 많다는 결과가 나왔다(염장호, 2001: 117-118).

조직범죄단이 하나의 민족이나 지역적인 연고로 뭉치게 되는 이유는 무엇일까?

하나의 민족이어야 하는 이유와 지역적인 연고로 뭉치는 이유를 생각해보자면, 결속력을 강화하는데 더 도움이 되지 않을까 한다. 여러 민족이 합하면 통합성이 있겠고 그 중에도 생각이 맞으면 갈등의 염려도 없겠지만, 각각 살아온 방식도 다르고 사상도 다르기 때문에 발생할 수 있는 여러 가지 갈등이 문제가 될 수 있을 것이다.

조직 범죄단이 하나의 민족이나 지역적인 연고로 뭉치게 된다면, 무엇보다도 조직원 상호간의 믿음이 증가할 것이다. 우리나라의 사정만 보더라도 조직범죄단 대부분이 지역적 연고를 가지고 구성되고 있음을 쉽게 알 수 있다. 전국적으로 유명한 조직은 전부다 동향인을 조직원으로 하고 있을 정도로 지역적 정서를 강하게 나타내고 있다. 이들은 같은 고향사람이라는 것을 중요하게 생각하며 이러한 심리적 연결고리가 서로 믿음을 가지도록 만들어준다. 외국에 나가 생활하는 교포들이 그들만의 지역사회를 한국에서보다 더 끈끈하게 만드는 것도 이 같은 이유에서일 것이다(염장호, 2001: 118-119).

11. 단일형 모델과 복잡형 모델

조직범죄의 활동성질이나 조직화의 정도를 기준으로 조직범죄를 분류하는 경우에는 이를단일형의 조직범죄와 복잡형의 조직범죄로 분류할 수 있다. 전자는 특정범죄를 전업적으로 행하는 범죄유형으로 이에는 밀수, 절도, 통화위조, 마약밀매 등의 범죄를 집중적으로 반복하여 전업적으로 행하는 것을 말한다. 범행 단일화의 결과 성공률이 높고 검거에 대항하는 능력이 높은 점이 그 특징으로 지적된다. 후자는 수종의 범죄를 행하는 범죄유형이다. 이러한 분류방법은 범죄수사나 범죄학연구의 측면에서 의미가 있다 할 것이다(도중진, 2004: 49).

12. 자연인형 모델과 법인형 모델

조직범죄를 주체를 기준으로 조직범죄를 분류하면, 조직범죄는 자연인에 의한 조직범죄와 법인에 의한 조직범죄로 분류할 수 있다. 전자는 3인 이상의 자연인이 결성한 범죄조직에 의해 행해지는 범죄유형이다. 후자는 법인을 포함한 3개 이상의 행위주체가 결집하여 일종 또는 수종의 범죄를 공동하여 행하는 범죄유형으로 이에는 모든 법인, 법인과 비법인, 법이노가 자연인 등의 경우가 포함된다. 이러한 분류방법의 의의는 조직범죄가 다수의 자연인에 의한 범죄만이 아니라 법인의 명의로 결성된 범죄조직도 존재한다는 것을 명확하게 밝히는 점에 있다. '조직범죄방지협약' 제 10조는, ① 모든 체약국은 그 국내 법의 원칙에 따라 조직범죄집단이 관여하는 중대범죄 및 당해 조약의 규정에서 정하고 있는 범죄에 가담한 법인의 책임을 규정하기 위하여 필요한 조치를 취하여야 하고, ② 체약국의 국내법 원칙에 따라 법인이 지는 책임은 형사상, 민사상 또는 행정상의 제재로 할 수 있으며, ③ 법인의 책임은 범죄를 행한 자연인에 대한 형사책임의 적용을 방해하지 않으며, ④ 모든 체약국은 특히 이 협약에 따라 책임을 지는 법인에 대하여 금전적 제재를 포함한 효과적이고 억지력있는 형벌 및 기타 제재를 확보하여야 한다고 규정함으로써 법인형의 조직범죄에 대한 처벌원칙을 천명하고 있다(도중진, 2004: 48-49).

13. 영업형 모델과 테러형 모델

조직범죄 목표 또는 행위형태를 기준으로 할 때 조직범죄는 영업형, 테러형 및 소란형으로 분류할 수 있다. 영업형의 조직범죄란 불법한 경제적 이익을 획득하기 위하여 3인 이상으로 결집된 조직이 행하는 범죄로서, 예컨대 밀수집단, 마약류밀매집단, 절도집단 등에 의한 범죄를 말한다.

이에 대하여 테러형의 조직범죄란 3인 이상이 일정한 정치적 목적 하에 테러활동을 행하기 위하여 결집한 범죄조직에 의한 범죄를 말하는 것으로, 일반적인 조직범죄의 특징을 갖는 이외에 정치적 범죄, 폭력적 범죄 및 국제적 범죄까지도 포함시킴으로써 국제적 테러조직범죄라고도 불린다(김영철, 1996: 21 ; 신의기, 1997: 65).

14. 전통형 모델과 직업형 모델

조직범죄의 성질, 특징, 보호법익 및 위험성의 정도를 기준으로 조직범죄를 다음과 같은 유형으로 분류하는 경우도 있다.

전통적 조직범죄는 가족적 범죄라고도 말하는데 이탈리아의 마피아 등이 전형적인 예라 할 수 있다. 또한, 직업적인 조직범죄란 일종 또는 수종의 범죄를 업으로 행하는 것으로 무기밀수, 마약류 밀제조, 매매 등과 같은 특정 영역에서 전문적인 범죄집단이 행하는 범죄를 말한다(도중진, 2004: 51).

제 2 절 조직범죄 발생원인 이론

1. 조직범죄 발생원인 일반론

일반적인 범죄사회학적 범죄발생 원인 설명 이론 중, 조직범죄의 발생을 잘 설명할 수 있는 것으로 Merton의 아노미이론, Shaw와 Mckay의 문화전달이론, Cohen의 비행하위문화이론 등을 들 수 있다.

아노미이론을 빌어 설명하자면, 경제 · 문화적으로 상류층이 되고자하는 목표는 있으나 그 목표를 달성하기 위한 합법적 수단을 가지지 못한 자들은 쉽게 그 목표를 달성하기 위해 조직범죄에 빠져들 수 있다고 볼 수 있다.

문화전달이론적 입장에서는 세대를 거듭하며 범죄적 문화가 전달되어져 온 지역사회에서는 그러한 범죄성을 가진 사람들 간에 조직을 형성하여 조직범죄를 범할 가능성이 높아진다고 설명할 수 있을 것이다.

비행하위문화이론의 견해에 따르면, 하류계층은 비행을 저지르고 조장하는 비행적 하위문화를 가지고 있다고 보며, 이러한 비행적 하위문화를 지닌 하류층 사회에서 조직범죄가 나타날 가능성이 높아진다고 가정해볼 수 있다.

2. 내생설

Allan Block(1983)은 조직범죄가 외래로부터 유입되었다기보다는 정치인, 재계인사, 노조지도자 등이 정치경제 논리적으로 필요에 의해서 범죄자 집단과 협력함으로써 사회 자체에서 내생적으로 발생한다고 보았다. 조직범죄를 기존의 미국체계(American System)를 반영하는 느슨하게 구조화된 사회체계로 설명한 것이다. 즉, 사회체계로 간주하여 조직범죄가 외부에서 유입되었다고 보기보다는 내생적으로 발생한 것으로 설명하고 있다. 그에 따르면 조직범죄의 "사회체계는 전문적 범죄자, 정치인, 법집행자 그리고 다양한 기업인을 묶어 주는 관계성으로 구성"되는 반면, 조직범죄의 사회는 경쟁 집단 간의 끝없는 세력투쟁으로 인하여 때로는 혼동스럽다. 그는 전문적 범죄인의 세계를 정치적 경제에 의해 형상화된 것으로 간주하였다(이윤호, 2007: 117-118). 즉, 다양한 대부분의 하류계층의 인종집단이 실업가, 정치인, 노조 지도자 등의 지배하에 자신의 신분상승이나 경제적 이득을 취하기 위하여 이루어진 집단이 조직범죄집단이라는 것이다(김용준, 2011: 458).

3. 외생적 음모이론 (또는 외래음모이론, 외부유입이론, Alien Conspiracy Theory)

조직범죄를 외생적 음모이론의 입장에서 보는 시각은 조직범죄의 원인도 외부에서 들어온 이탈리아 시칠리안의 마피아조직이 미국 국내로 들어옴으로써 생긴 것이라는 주장을 한다. 이들이 대대적인 이민시기에 미국에 들어와서 조직범죄집단을 형성했다고 보고 이러한 이민자들의 민족성으로부터 조직범죄의 원인을 찾는 견해이다(이순래 외, 2011: 390-391).

이를 지지하는 근거로는 (i) 실제 미국에의 이민이 활발하던 시기에 이탈리아 마피아들이 다수 유입된 점, (ii) 미국 범죄조직의 초기 주도층에 이탈리아계가 많았던 점, (iii) 이탈리아와 미국 마피아의 조직 통솔의 특성이 유사하다는 점 (잔인성, 폭력성 등) 등이 제시되어왔다. 외생적 음모이론에 대하여 비판적인 시각도 있는데, 이러한 근거로는 (i) 이탈리아 마피아(합법적인 수단을 통한 사회구성원으로서의 역할도 중시)와 미국 마피아의 역할이 다소 상이(공포와 폭력을 중시)하다는 점, (ii) 이탈리아계가 집중적으로 이주하기 시작한 19세기말~20세기초 이전에도 미국에 이미 대규모 범죄조직이 존재했다는 점 등이 제시되어왔다. 우리나라의 경우에도 외생적 음모이론에 의한 설명이 가능한 부분이 있을 수 있는데, 이를테면, 일제 시대 야쿠자의 영향이 우리나라 조직범죄 형성에 영향을 미쳤을 수 있다는 것이다. 두발이나 의상, 조직 내 예절, 잔혹한 보복성 등의 범죄조직의 문화가 야쿠자에게서 유입되었을 것이라는 주장이 가능할 수 있다(전대양 외, 2004: 78).

4. 인종적 승계이론(종족계승이론, Ethnic Succession Theory)

이순래 등(2011, 391-392)은 Toby(1958)의 견해에 따라, 종족계승이론은 조직범죄가 외생적 음모이론에서 주장하듯이 외래로부터 들어온 것이 아니고 미국의 사회적, 경제적 구조 속에서 이민을 해온 다양한 여러 종족들이 살아가기 위한 방편으로서 조직범죄를 만들거나 가입하게 되었고 이것은 시대적으로 다양한 종족들에 의해 계속적으로 계승되는 현상이었다고 보는 주장이라고 설명하고 있다. 20세기의 많은 미국의 도시들에서 활동한 조직범죄집단은 다양한 과정과 방법으로 한 종족집단으로부터 다른 종족집단으로 범죄의 주도권이 넘어가는 과정을 보여주고 있다. 대체로 조직범죄의 주도권을 행사한 순서는 아일랜드 사람(Irish)이 처음이고, 그 후 유태인(Jews), 이탈리아인(Italian)이 계승하였다. 이 이론은 이들 종족집단이 조직범죄를 통해 자신의 신분상승을 위한 수단으로 삼았다는 측면에서 신분상승의 수단이론과도 밀접하게 연결되어 있다고 할 수 있겠다(이순래 외, 2011: 391-392).

5. 신분상승의 수단이론

조직범죄를 아노미이론의 시각에서 설명하려는 시도가 있는데, 그러한 시각에서 보면 죄직범죄는 미국사회의 지배적인 문화적 목표인 물질적 부의 획들을 위해 제도적 수단을 사용하기 어려운 사람들이 불법적 수단을 동원해서 그 목적을 성취하려고 하는 데서 기인한다고 본다. 조직범죄의 구성원은 대부분 하층계급 출신이고 교육정도도 낮기 때문에 사회의 주요계층으로 상층이동할 수 있는 통로가 그리 넓지 않다. 그런 조건하에서 이들이 선택할 수 있는 가장 손쉬운 계층이동 경로는 조직범죄집단을 만들거나 가입해서 범죄활동을 동원하는 방법이 될 것이기 때문이다. 이러한 입장은 다니엘 벨(Daniel Bell, 1964)의 '이동성이라는 이상한 사다리(신분상승의 기묘한 사다리, a queer ladder of social mobility)'라는 표현을통해서 이야기 하고자 했던 것과 매우 유사하다. 그가 볼 때 조직범죄는 사회의 계층이동의 수단이 막혀있는 도시지역의 이민자 등 가난하지만 부의 축적에 대한 야망을 버리지 않고 있는 사람들이 그들의 꿈에 이르게 해줄 수 있는 가장 빠르고 손쉬운 수단을 제공하다고 본 것이다. 즉 조직범죄가 다양한 하층계급 인종의 사람들로 하여금 '아메리칸 드림'을 실현시켜주는 기회를 제공했다고 본다(김영근, 2007: 28).

6. 기업이론

1980년대 스미스(Dwight Smith)는 기업이론을 주장하며, 합법적 시장이 잠재적 고객들의 요구를 제대로 충족시키지 못하기 때문에 조직범죄가 생겨난다고 보았다. 그 대표적인 예가 미국의 금주법(禁酒法, prohibition law) 시절의 밀주 조직인데, 1919~1930년 미국에서 술의 제조와 판매를 금지하였지만 술에 대한 수요는 여전하였고, 따라서 암시장이 형성되고 범죄조직이 이러한 음성적 제조·유통을 담당하며 이윤 추구한 사례가 그것이다.

기업이론의 핵심은 합법적 기업과 비교할 때 취급 물품이나 대상이 다를 뿐 기타의 모든 활동이 합법적 기업과 차이가 없다는 것이다. 즉, 시장원리가 그대로 적용되어 소비자와 공급자가 존재하고, 수요와 공급의 원리가 적용되어 가격이 결정되는 점이 같다는 것이다. 예컨대, 마약공급이 줄면 시장에서 마약의 가격이 상승하고 마약 획득을 위한 여러 사회적 문제들이 발생할 수 있으며, 마약공급이 늘면 마약의 가격이 하락하고 이 경우 마약에 관심이 없던 사람들이나 청소년 계층도 마약을 사용하게 될 우려가 발생하게 될 수 있다. 유사한 메카니즘에 의하여 마약, 매춘, 도박 등과 관련된 설명이 가능하다.

그러나 합법적 기업과의 차이도 있는데, (i) 범죄조직은 대개 고수익 사업영역(마약, 불법고리대, 매춘 등)을 선호하고, (ii) 경쟁에서 낙오되거나 이권을 박탈당하면 폭력·협박·부패·약탈 등의 수단을 사용하기도 한다는 점 등이 차이점으로 언급되고 있다(전대양 외, 2004: 64-65).

이 이론에 의하면, 매춘이나 마약을 합법화 또는 제한적 합법화하여 국가나 합법적 조직이 운영을 하면, 음성적 수요가 줄어들 것이고, 이렇듯 음성적 수요가 줄면 조직범죄도 따라서 감소할 것이라는 전망이 가능할 수 있다.

7. 지역사회제도론

폭력조직을 이해하는 또 다른 관점은 지역사회의 사회제도(organized crime as a community social institution)로 보는 입장이다. 이러한 관점은 지역공동체의 기능에 초점을 두고 있는데, 워렌(R.L.Warren)은 지역공동체를 지역과 관련된 중요한 사회적인 기능을 수행하는 사회적인 단위(social units)내지 체제(social systems)의 조합이라고 정의한다(Warren, 1973). 그리고 지역사회의 공동체들은 생산-분배-소비, 사회화, 사회적 통제, 사회적 참여, 상호지원 등의 역할을 한다는 것이다.

사실상 지역사회의 이러한 기능들이 원활히 이루어진다면 폭력조직이 발붙일 여지는 없지만, 위의 기업이론에서와 같이 합법적 시장에는 공백이 발생하게 되고, 보다 안정된 지위를 확보하려는 폭력조직들은 지역사회의 한 주체로서 활동하여야한다는 것이다. 폭력조직, 정치인, 형사사법기관의 관계는 지역사회에 실재하는 '사회적 범죄조직의 표본'이라는 말까지 나올 정도로 이들 관계의 어두운 측면은 우리사회의 한 부분을 차지하고 있다(강봉채, 2007: 13).

제4장 폭력성의 근원

제 1 절 심리 · 생물학적 원인

제 2 절 진화심리학적 원인

제 3 절 사회학적 원인

제4장 폭력성의 근원

제 1 절 심리 · 생물학적 원인

폭력행위를 하는 자에게 가장 흔하게 나타나는 개인 심리학적 요인은 공격적 성격장애이다. '공격성'이란 개념은 일상생활에서 여러 가지 다른 의미로 사용되기 때문에 명확히 정의하기란 어렵지만 일반적으로 공격행위는 '상처나 고통을 주는 것을 목표로 한 행위'라고 정의할 수 있을 것이다.

본능설에서는 '공격성'이 선천적 즉 본능적 현상인지 혹은 학습된 현상인지에 관하여 심리학자, 생리학자 그리고 철학자들 사이에서 의견을 달리하고 있다고 주장한다. 이들은 '공격성'이 강하기 때문에 자기의 욕망이나 감정이 작동하면 사회절서나 규범을 고려하지 않고 감정대로 행동한다. 이들의 공통점은 대부분 정서불안요소를 가지고 있는데, 공격행동을 하는 심리적 특징은 자아기능의 약화, 욕구불만의 누적, 문제해결 능력의 부족, 지각의 비현실성, 동기유발의 결여, 목적의식 결핍, 발달과 부조화 등으로 요약할 수 있다. 이상과 같은 원인에 의해서 폭력을 저지르는 자들은 이러한 폭력의 반복으로 인한 자학적인 자아상의 형성과 주변의 멸시로 인하여 결국 부정적인 자아개념이 형성되어 자기 자신을 필요 없는 존재, 무능한 존재로 규정하며 그런 방향으로 삶을 이끌어 간다(이재욱, 2012: 24-25).

좌절설에서 '공격행동'은 분노, 고통, 권태 등과 같이 불쾌하고 혐오스런 상황에서 일어날 수 있다고 말한다. 좌절된 사람이 '공격행동'을 할 것인가의 여부를 결정하는 데는 다른 여러 가지 요인이 있고 공격의 원인 또한 여러 가지가 있다. 즉, 좌절은 목표에 가까워질수록 증가한다. 좌절과 고통이 있다고 해서 반드시 '공격행동'을 유발시키는 것은 아니다. 사람의 이름이나 묘사가 목표대상에 대한 공격성을 증가시키는 단서 역할을 분명히 할 수 있다. '공격행동'을 금지시키는 경향이 있는 사회학습의 한 측면은 대부분의 사람들이 자신들의 행위에 대해 스스로 책임감을 느끼는 경향이 있다는 것이다(유평수, 2005: 55-56).

폭력적 반응과 정서는 아마 모든 인간에 사실상 내재하는 것 같다. 프로이드는 인간의 공격성과 폭력성이 인간의 본능적 추동(drive)의 결과라고 확신했다. 인간은 삶의 본능이 에로스(eros)와 죽음의 본능인 타나토스(thanatos)라는 두 가지 대조적인 추동을 소유하고 있다. 에로스는 인간의 자아 성취와 쾌락을 지배하는 추동이기 때문에 삶의 본능이라고 하고, 타나토스는 자기파괴를 포함하는 파괴적인 행동을 지배하기 때문에 죽음의 본능이라고 한다. 타나토스는 외부적으로는 폭력성과 가학성으로 표현될 수 있고, 내부적으로는 자살이나 기타 자기 파괴적인 습성으로 표현될 수 있다. 프로이드는 공격성이란 본능적인 것이기 때문에 그 치료의 가망은 거의 없다고 보았다(조철옥, 2008: 432-433).

Freud(1961)는 모든 형태의 폭력은 공격적 에너지 분출의 표현이라고 제안했다. 공격적 성향의 내적 에너지는 사람들이 그것을 정신분석학 정신치료에서 가장 중요한 개념의 하나인 '카타르시스(catharsis)'를 통해서 적절하게 발사하지 않을 때 위험한 수위로 축적된다. 따라서 정신분석학자들은 학교 스포츠에 참가하거나 매우 열성적으로 그것을 보는 어린이들은 그렇지 않은 어린이들보다 궁극적으로 덜 공격적일 것이라고 예언했다. 이들은 또한 폭력적인 범죄에 종사하는 사람들은 그 에너지를 방출할 적절한 기회를 갖지 못했고, 그들의 공격적 에너지를 관리할 수 있는 수준으로 유지하지 못했다고 말한다(이수정, 2006: 58).

제 2 절 진화심리학적 원인

진화심리학이란 마음의 진화를 더듬어 감으로써 인간의 행동과 정신과정을 새로운 관점에서 해석하려는 학문을 말한다. 진화심리학자들은 사람의 신체구조가 오랜 세월에 걸친 자연도태의 결과물인 것과 마찬가지로 인간의 마음도 진화의 산물이라고 주장한다. 이런 맥락에서 폭력도 외부위협에 대한 적응적 행동으로 진화되었다고 본다(김상균, 2008: 200).

인간의 경우에 폭력의 관계-특수성은 폭력의 기능을 나타내는 하나의 증거이다. 폭력의 대상은 단지 가용한 대상이 아니라 폭력자와 실질적인 갈등이 있을 때이다. 경쟁적 갈등은 동성 간의 문제에 이미 결정적으로 관련되어 있는 것 같다. 그 이유는 동일성의 사람들은 반대성을 가진 사람들보다 그들이 원하는 자원 면에서 더욱 더 유사하기 때문이다(김상균, 2008: 201).

인간에 대한 진화심리학적 관점은 인간이 비이성적인 자동기계라고 보지 않고 다양한 수준의 나이, 성차, 환경-특정적 가치에 대한 비용-편익구조를 가지고 의사결정을 하는 정보처리자의 관점을 가지고 있다고 본다. 따라서 폭력도 인간이 환경에 적응하는 하나의 수단으로써 사회적 진화의 과정을 거친다는 것이다. 그러므로 폭력이 환경의 적응에 비용이 많이 드는 행동이라면 폭력은 자연 도태될 것이며 이와 비교하여 친사회적 행동이 유익한 적응적 행동이 될 것이다. 이처럼 진화심리학이 시사하는 바는 폭력의 비용과 친사회적 행동이 비교우위를 점하는 사회적 환경이 상당히 중요하다는 것을 의미한다(김상균, 2008: 202).

제 3 절 사회학적 원인

1. 폭력성하위문화이론

Wolfgang과 Ferracuti는 폭력이 바람직한 행위로 인정받는 문화속에서 생활하는 청소년들은 폭력적인 행동을 자연스레 받아들이고 그러한 행위를 많이 할 것이라고 주장하였다. 즉, 폭력은 그들이 속한 문화를 인정하고 받아들이는 행위이며, 성장과정에서 더욱 고착화되기 때문에 폭력이 바람직한 행위로 인정받는 문화가 팽배한 지역에서는 폭력 범죄가 상대적으로 많이 발생할 것이라고 보았다.

2. 차별접촉이론

Sutherland는 비행적 성향을 가진 친구와의 직접적인 접촉이 청소년 비행의 원인이 된다고 보았다. 즉, 폭력적 성향을 가진 친구와 직접적으로 자주 접촉하며, 오래 접촉하고, 접촉의 강도가 강하면 폭력성의 학습이 용이해질 것으로 판단해 볼 수 있다.

3. 중화이론

Sykes와 Matza는 청소년들은 범죄를 범함에 있어서 일반적인 인습사회적 문화를 끌어들여 그들의 행위를 정당한 것인 것처럼 합리화하려는 성향을 보인다고 하였다. 즉 그럴싸한 합리화 기제를 발휘하여 비난에서 벗어나려고 하며 그들 스스로의 범죄를 정당화한다는 것이다. 이러한 중화의 기술로는 책임의 부정, 가해의 부정, 손상의 부정, 비난자에 대한 비난, 고도의 충성심에의 호소 등이 있으며, 폭력 행위에 대하여 이러한 중화의 기술을 강하게 작용되면 폭력범죄를 범하고 이를 합리화하게 된다는 것이다.

4. 일반긴장이론

Agnew는 비행의 원인으로 첫째, 목표달성의 실패, 둘째, 긍정적 자극의 소멸, 셋째, 부정적 자극의 발생을 제시했다. 이러한 요인들로 인해 청소년들은 부정적 감정을 경험하기 때문에 비행을 저지른다고 봄으로써 긴장과 비행 사이에 부정적 감정을 매개 요인으로 제시했다. 즉 청소년들은 여러 기장요인으로 화, 우울감, 절망감 등 부정적 감정을 경험하게 되며, 그러한 부정적 감정을 해소하기 위해 비행을 하는 것이라고 설명한다. 즉 비행은 부정적 감정에 대한 대처 방식이며, 예컨대 폭행은 상대의 모욕이로 생긴 화를 줄이기 위해 약물복용은 우울감과 절망감에 대처하기 위한 행동으로 본다. 그런데 부정적 감정을 적절히 해소할 수 있는 다른 대처방식이 존재한다면 비행은 일어나지 않는다고 주장한다(김준호 외, 2011: 92).

5. 차별기회이론

Cloward와 Ohlin은 Merton의 아노미이론을 보완·확장하여 차별기회이론을 제시하였다. 성공을 위한 문화적 목표는 가지고 있으나, 이를 달성하기 위한 합법적인 수단도 가지고 있지 못하고, 목표달성을 위한 불법적인 기회도 맞지 못한 사람이 폭력적 성향을 감수하게 되면 '갈등적 하위문화'라는 형태의 하위 문화의 틀에 놓이게 된다고 보았으며, 이 갈등적 하위문화에 해당되면 주로 폭력적 범죄를 저지르게 된다고 하였다.

6. 억제이론

처벌의 확실성, 엄격성, 신속성이 폭력을 비롯한 범죄의 발생을 통제할 수 있을 것이라는 주장이 있다. 즉, 범행시 검거율이 높아서 반드시 처벌된다는 확실한 신념이 존재되거나, 처벌이 상당히 엄격하여 범행에 따라는 두려움 등의 비용이 크거나, 범행으로 인한 이익을 누리기 전에 조기에 신속히 검거될 것이라는 기대가 크면 범행으로 인한 긍정적 기대가 줄어들기 때문에 범행을 단념할 것이라는 것이다. 이 이론에 의하면 폭력 범죄에 대하여도 확실한 검거, 엄중한 처벌, 신속한 단죄가 이루어진다면 폭력범죄 감소에 기여할 수 있을 것이라고 볼 수 있을 것이다.

7. 일반이론

Gottfredson과 Hirshi는 어릴 때 형성된 자기통제력이라는 내적 성향 요소가 어려서의 다양한 문제 행동, 그리고 청소년비행 뿐만 아니라 성인들의 범죄도 설명할 수 있는 유일하면서도 중요한 원인이 된다는 점을 강조했다. 자기통제력은 순간만족과 충동을 조절할 수 있는지, 스릴과 모험을 추구하기보다는 분별력과 조심성이 있는지, 근시안적이기보다는 앞으로의 일을 생각하는지, 쉽게 흥분하는 성격인지 등을 말하는 것으로, Gottfredson과 Hirshi는 그러한 내적 성향이 어릴 때 형성된다고 주장하였다. Gottfredson과 Hirshi는 자기통제력이라는 내적 성향이 비행의 유일한 설명원인이 된다고 보면서 사회유대나 비행친구와의 접촉과 같이 기존의 사회통제이론이나 차별접촉이론에서 강조되었던 요인들은 비행의 원인이 될 수 없다고 주장했다(김준호 외, 2011: 133-134).

이러한 일반이론에 의하면, 어릴 때 자기통제력이 잘 형성되지 못한 자들이 청소년기, 성인기 등 생애전반에 걸쳐서 폭력성 범죄를 비롯한 각종의 비행·범죄를 저지를 것으로 판단될 수 있다.

제5장 조직범죄집단의 특징

제5장 조직범죄집단의 특징

제 1 절 조직범죄집단의 문화

1. 일반론

모든 범죄조직은 중간계급의 가치기준인 야심, 개인적 책임, 기술의 습득과 성취, 보다 큰 보상을 바라는 마음으로 당장의 만족을 연기하는 것, 합리성과 신중, 세련된 언어와 태도, 육체적 폭행과 공격의 회피, 건전하고 건설적인 오락, 재물의 존중을 부정하고 있다. 이를 대항(對抗)문화라고도 하는데, 이러한 범죄조직의 문화상의 특징은 악의성을 가지고 기존의 사회규범을 부정하며 오로지 단기적 쾌락주의를 본질적 내용으로 하는 범죄적 하위문화에 있다. 이 하위문화의 원인은 현존 규범와 그 규범을 충족할 수 있는 가능성 사이의 불일치에서 나온다고 할 수 있으며, 따라서 일반적으로 조직범죄는 그 목적을 달성하기 위하여 협박, 폭력 같은 약탈적인 수단을 사용한다(김영철, 1995: 42).

전대양 · 송병호(2004: 61)는 대항(對抗)문화적 특징 외에 조직범죄 집단의 문화적 특징으로 (ⅰ) 맹목적 충성과 의리 문화, (ⅱ) 명예와 자존심 문화 등을 들었다.

첫째, 맹목적 충성과 의리 문화와 관련하여, 조직범죄는 다른 범죄와는 다른 독특한 하위문화를 형성하는데, 그 대표적인 것이 바로 맹목적 충성과 의리라는 것이다. 그들의 충성과 의리는 반사회적인 것임에도 불구하고 그들은 그것이 사나이다운 남성적 문화라 하여 최고의 덕목으로 숭배한가는 것이다.

둘째, 명예와 자존심 문화와 관련하여, 조직범죄 구성원들은 명예와 자존심을 위해 다른 계파와 피비린내 나는 싸움을 마다하지 않는다. 예컨대, 다른 계파가 자신들의 구역을 침범한 경우 이를 격파하는 것이 정당하다고 인식한다는 것이다.

2. 폭력조직의 집단문화

이상현(1994: 298)은 일본의 조직폭력단의 경우 그들의 특유한 독자적인 집단문화를 형성하고 있다고 보았는데, 손가락 자르기(단지, 斷指), 문신(tatoo), 특유한 인사방법, 입단의식, 은어사용 등이 이에 해당한다고 하였다.

특히, 그들은 왜 손가락 자르기, 문신 등 스스로의 몸을 자해하는 행위를 하는 것인가와 관련하여, 다음과 같이 설명해 볼 수 있다.

첫째, 의제혈족(擬制血族)으로서의 친근감의 표시라는 것이다. 둘째, 원시적 본능의 발현이라는 것이다. 본래 원시사회에서는 사람이나 사람의 신체 일부를 제물로 바치거나 모발, 피 등을 제사 의식에 활용하여 왔다. 이는 정신과 육체의 불가분을 믿는 신념에서 비롯된 것인데, 화합의 기원, 죄에 대한 사죄를 행할 때 이러한 자해를 포함하는 제례의식이 행해져 왔다. 이러한 전통이나 사고가 조폭의 자해적 문화로 이어진 측면이 있다. 셋째, 정신의 퇴행성과 관련된 문제이다(이상현, 1994: 299). 신체의 소중함에 대한 인식이나 병리학적 지식부족, 단순하고 저돌적인 사고 등의 퇴행적 사고에서 비롯된 측면이 있을 수 있다. 넷째, 나아가 대외적 위협 효과를 고려해 볼 수 있다. 자해행위를 통하여 집단의 강인함을 대외적으로 과시하는 위협 효과를 얻을 수 있다.

3. 조직원으로서의 준수사항 - 대표적으로 마피아의 5개의 오메르타(Omerta)

이상현(1994: 299)은 마피아 조직세계에서 나타나는 5개의 오메르타(Omerta)의 수칙은 다른 직업적인 범죄에 있어서와 같이 불문율적으로 작용하는 어떠한 힘을 가지고 있다고 보았다.

〈 마피아의 5개의 오메르타(Omerta) 〉
① 두목에 대한 절대적 복종
② 명예를 준수하고 국가기관에 고소하지 말 것
③ 조직원의 이름이나 조직의 실체 등 비밀을 누설하지 말 것
④ 위난에 대해서는 조직원 상호간 원조
⑤ 조직원의 한 사람이 받은 공격은 전원에 대한 공격이라고 생각하여 어떠한 희생을 치루더라도 복수할 것

4. 조직편성 원리적 측면에서의 문화적 특징

일반적으로 조직 편성의 원리라고 하면, 계층제의 원리, 통솔범위의 원리, 전문화 및 분업화의 원리, 명령통일의 원리, 조정의 원리 등을 들 수 있다. 일반 사회조직에서는 이들 조직 편성의 원리 중, 조정의 원리를 최고의 원리로 여기나, 조직폭력집단에서는 명령통일의 원리(명령일원화의 원리)가 최고의 원리로 기능을 한다. 명령의 일원화는 이중명령을 방지하여 조직의 안정성을 유지하기 위한 것인데, 급변하는 환경에 있는 오늘날은 조직의 동태화가 요구되므로 이런 명령의 통일화 또는 명령의 일원화 원리는 많은 문제제기를 받고 있다. 그러나 조직폭력집단은 위계질서가 바로 생명이므로 이러한 위계질서의 유지를 위해 명령의 일원화를 조직의 최고 원리로 본다(천정환 · 이동임, 2012: 90).

제 2 절 우리나라 조직폭력범죄의 특성

1. 계층적 위계질서

내부규율은 맹목적 충성심과 조직을 배반한 자에 대한 복수를 근간으로 하고 있다. 조직을 배반하고 다른 조직에 가담하거나 조직의 지시를 거부 또는 이행을 태만히 하거나 수사기관에 조직의 실체를 밝힌 경우 등에는 가혹한 보복이 따르고 반대로 조직이 부여한 임무를 수행하다 다치거나 수사기관에 검거된 경우 등에는 치료비와 생활비의 지급, 변호인의 선임 등 모든 혜택이 주어지게 된다. 따라서 조직원은 일반 사회규범을 무시하고 조직의 내부규율에 따라 행동을 하게 되고 그러한 행동은 인간의 이성적 판단을 마비시키고 경우에 따라서는 상상을 초월하는 잔혹한 범죄로까지 발전하게 된다.

이러한 내부규율을 통하여 조직원을 통제하고 조직을 운영하기 위하여 조직원들 사이에 계급이 형성되어 있다. 일본 야쿠자의 오야붕과 꼬붕의 계급체계는 그 전형적인 형태이다. 미국의 마피아나 삼합회에도 두목(Boss), 행동대장(Captain), 행동대원(Soldier), 협조자(Associates)등의 계급이 존재하며 조직원은 두목에 대한 절대 복종 관계를 유지하고 있다.

조직폭력단체에 있어서의 의사 결정은 두목만의 고유 권한이며 상급 조직원과 그들의 명령을 수행하는 행동대원 등 하급조직원 사이는 직접적으로 연결되지 않고 차단되어 있다.

조직범죄는 대부분 계획적으로 이루어지고 있는데 범행모의가 은밀히 이루어지고 내부조직체계를 통하여 범행의 지시가 내려간다. 지시를 받은 하급 조직원은 단순히 범죄를 실행한다. 따라서 은밀하게 이루어진 조직상층부의 범행 모의를 밝혀내기가 어렵게 된다.

조직범죄에 가입하는 신규 대해서는 일정한 형식의 가입절차를 요구하는 경우가 많다. 마피아와 삼합회의 일부 계파는 살인, 폭력 등의 잔혹한 범행을 통하여 '피의 맹세'를 함으로써 용감성과 기지를 인정받는 행사가 있고, 야쿠자의 경우 새로운 조직원에게 '사카스키'라는 잔배식을 성대하게 베풀어 주는 경우도 있다. 그래서 조직폭력은 다수의 결합체로 그 활동과 유지체제를 위하여 일정한 지침과 계층 간 엄격한 규율이 존재하는 통솔체계를 갖춘 계속적인 조직으로, 이러한 통솔체제는 범죄행위를 할 때 사전계획과 행위분담을 가능하게 하여 단순한 사람들의 집합에서 나오는 힘 또는 영향력을 능가하게 할 수 있고, 그 조직의 일부만을 노출하더라도 조직의 전체를 노출시켜 범죄행위를 하는 것 보다 높은 효과를 낼 수 있다.이러한 점에서 조직폭력은 단순히 사람들의 상호 의사연락이나 행위분담 아래 이루어지는 집단적 범죄나, 범죄의 성립에 다수의 행위자가 동일한 방향으로 공동할 것을 필요로 하는 집합적 범죄 등의 개념과 구별된다(강봉채, 2007: 14-15).

2. 배타적 구성원

범죄조직은 제한되거나 배타적인 구성원 자격으로 운영된다. 조직범죄 집단 구성원이 되는 데에는 많은 제약이 존재하며 후견인(흔히 조직 내의 상위구성원 등)에 의해 추천되어 행동으로서 구성원이 될 수 있는 자격을 증명해야 한다. 또 내부의 명령, 규율 등을 엄수하며 비밀을 지켜야 한다. 도제의 기간은 수개월에서 수년에 이를 수 있다. 성공한 범죄조직인 경우에는 조직에서 받아들이고자 하는 것보다 훨씬 많은 사람이 조직에의 가입을 원하게 된다(정진수, 1995: 27).

3. 엄격한 내부규율의 존재

범죄조직에는 구성원을 통제하기 위한 엄격한 내부규율이 있다. 내부규율은 맹목적인 충성과 조직을 배반한 자에 대한 보복을 근간으로 하며 밀고자 등 규율을 위반한 자는 그에 상응하는 보복을 받게 된다. 그러나 조직이 부여한 임무를 수행하다 다치거나 검거된 때에는 치료비와 생활비지급, 변호인 선임 등 신분 보장적 보상원칙을 통하여 결속을 강화하고 있다. 따라서 조직원들은 일반 사회규범을 무시하고 조직의 내부 규율에 따라 행동하게 된다(송태종, 2008: 50).

4. 비이념적 조직

범죄조직은 비이념적(non-ideological)이다. 즉, 조직범죄집단은 정치적인 목적이 아닌 돈과 권력을 지향한다. 정치적인 참여가 활동의 일부가 될 수도 있으나 이는 단지 불법활동을 위한 보호나 면책을 위한 것이며 이런 면에서 정치적인 관심으로 조직되어 활동하는 미국의 'KKK집단'과는 다르다(도중진, 2004: 54).

5. 비호세력의 존재

조직폭력단체에는 그들의 활동을 보호해주는 비호세력이 존재한다. 비호세력은 조직폭력단체를 이용하여 자신들이 추구하는 이익을 얻고 그 대가로 조직폭력단체 이용하여 자신들이 추구하는 이익을 얻고 그 대가로 범죄조직을 합법적인 것인 양 위장시켜주거나, 법의 집행으로부터 보호해주는 주변집단이다. 범죄조직은 목적 수행을 위하여 불법적인 모든 수단을 동원하고 이를 조직의 존재 근거로 삼고 있기 때문에 불법성이라는 치명적인 약점을 가지고 있게 마련이다. 따라서 조직폭력단체는 스스로 법의 집행으로부터 보호받는 방안을 강구하려고 노력하게 된다. 조직범죄의 비호세력은 크게 정치적 비호세력, 관료적 비호세력, 사회·경제적 비호세력으로 나누어 볼 수 있다. 정치인들은 선거에서의 승리, 당권의 쟁취, 선거유세 시 청중의 동원 등을 위하여 비합법적인 방법을 사용하는 경우가 종종있다. 정치인들은 목적수행 방법의 비합법성과 비밀유지의 요건 때문에 조직폭력단체의 도움을 필요로 하고, 조직폭력단체는 정치인들과의 친분을 이용하여 그들의 정체를 위장하고 입법활동 및 사회적 영향력을 형성해 조직의 보호에 이용하게 된다. 관료적 비호세력은 행정기관을 비롯하여 수사, 재판 등에 관여하는 일부 부패된 공무원들을 들 수 있는데,이들은 행정적 편의를 제공하거나 불법행위를 묵인, 방조하고 수사기관의 단속정보를 사전에 누설하는 방법으로 도움을 준다. 범죄조직은 그 대가로 이들에게 뇌물 또는 경제적 이익을 제공하며 유대를 돈독히 한다.

사회·경제적 비호세력은 조직원들의 신분을 위장시켜 주거나 조직원들에게 경제적 이익을 제공하는 집단으로 유흥업소, 오락실, 도박장 등을 대표적인 예로 들 수 있다.최근에는 유흥업소뿐만 아니라, 부동산업, 건설업 등으로 영역이 확대되어 가고 있는 추세다(강봉채, 2007: 16).

6. 지속성

조직폭력집단의 궁극적 목적은 경제적 이익의 추구에 있는 바, 경제적 이권이 있는 한 범죄행위가 일회성에 그치지 않고 계속된다. 범죄가 지속된다는 점에서 일회성 강·절도에 비해 피해자들이 느끼는 고통은 배가되며 또한 이러한 특성으로 인해 국민들이 느끼는 치안불안은 지속되게 된다(경기지방경찰청, 2004: 4).

7. 조직성

집단에서 나오는 힘 즉, 조직의 위력을 과시하여 이권을 갈취하는 등 조직화된 범죄이다. 조직의 일부만 노출하여 범죄행위를 한다하여도 전체를 드러내는 힘 못지않게 효과를 볼 수 있기 때문에 이를 이용하여 범죄를 저지르고 있다(강봉채, 2007: 16).

8. 활동범위의 광역성

조직범죄는 그 활동범위가 매우 넓다. 경제활동의 규모가 커지면서 다양한 소득원을 찾아 다각적인 사업을 운영할 뿐 아니라 한 지역에 국한되지 않고 전국을 무대로 이익이 창출되는 곳이면 어디든 찾아가 불법행위를 자행한다. 또한 이렇게 범죄행위를 한 후 범행 장소 내지 수사기관의 단속망으로부터 멀리 도피한다. 이렇듯 조직범죄는 활동영역이 광역화되고 있다는 것이 또 하나의 특징이다(김기범, 2008: 36).

9. 계획성

살인, 강도, 강간 등 원시적 범죄가 아닌 경제적 이익(이권갈취)추구를 위해서 사전모의와 역할 분담이라는 계획성을 가지며, 조직폭력배의 궁극적 목적은 경제적 이익의 추구에 있는바 경제적 이권이 있는 한 범죄행위가 일회성에 그치지 않고 계속되며, 범죄가 지속된다는 점에서 일회성 강·절도에 비해 피해자들이 느끼는 고통은 배가되며 또한 이러한 특성으로 인해 체감치안에도 커다란 걸림돌이 되고 있다(강봉채, 2007: 17).

10. 범죄수단의 다양성

다수의 조직원으로 구성되어 있으므로 범죄의 수단이 다양하며 최근에는 반드시 불법적인 수단만이 아니라 합법·불법적인 모든 수단을 동원하고 일반인들에게 공포를 느끼게 할 정도로 잔혹한 수법을 쓰기도 하며 이로 말미암아 피해자들의 협조를 구하기가 쉽지 않다(강봉채, 2007: 17).

11. 특정분야의 독점

조직범죄집단은 경쟁을 싫어하면 특정지역이나 사업분야, 혹은 이 두 가지 모두에 대해 헤게모니를 잡으려 한다. 이러한 독점은 이득을 증대시키는 한 방법이며 폭력의 위협, 혹은 정부 관리와의 부패관계로서 유지 된다(김기범, 2008: 37).

12. 경제적 이익추구와 수단의 다양성

조직폭력단체는 최소한 위험부담으로 최대한의 이익을 추구할 수 있으며 어떠한 형태의 불법행위에도 관여한다. 경제적 이익을 추구하기 위한 수단으로 범죄를 포함한 불법적 방법을 모두 동원함은 물론 합법적 영업활동도 영위한다. 조직폭력단체의 간부들은 합법을 가장한 업체를 경영하는 경우가 많다. 그러나 조직폭력단체의 주된 자금원은 합법적인 방법이 아닌 불법적 수단에 의하여 조성된다.

조직폭력단체의 전형적인 불법활동으로는 고리대금업, 도박장 운영, 마약거래, 이득갈취, 공직자 매수, 돈세탁 등이 있고 매춘과 포르노에도 관여하고 있다. 조직폭력단체라고 하여 반드시 불법적 행위만을 저지르는 것은 아니다. 그들은 합법 불법을 가리지 아니하고 목적수행을 위하여는 모든 수단을 동원한다. 범죄를 저지르는 경우에도 범행수법이 다양하고 일반인들로 하여금 공포심을 느끼게 할 정도로 잔인한 방법을 사용하기도 한다. 또한 최근 들어서는 합법을 가장하는 방법을 다양하게 동원하기 때문에 조직폭력단체의 실체를 밝혀내고 조직폭력단체 척결에 대한 일반의 협조를 구하기가 더욱 어렵게 되고 있다.

우리나라에도 폭력조직들이 유흥업소, 불법오락실 등의 영업에 직접 관여하거나, 조직원들을 그러한 업소에 취업시키고 업소로부터 보호비 명목으로 일정한 금품을 상납받는 방법으로 조직의 경제적 기반을 마련해서 조직원들에 대한 생계수단을 제공한다. 이러한 조직의 경제적 기반 확보를 위하여 이른바 '관할구역'이 설정되고, 다른 조직폭력단체가 자신들의 구역을 침범할 경우 조직의 사활을 걸고 치열한 투쟁을 벌인다.

최근의 조직폭력은 자신들의 세력을 과시하면서 경제적 이익을 추구하고 있으며 경제력에 따라 조직의 세력이 달라지는 현상을 보이고 있다. 결국 조직폭력은 경제적 이익추구의 수단의 하나이며, 이러한 점에서 정치적 테러단체와 구별된다. 또한, 조직폭력의 경우에는 경제적 성취를 위하여 폭력을 직업적, 전문적으로 활용한다는 점에서 경제적 이익취득을 목적으로 하는 다른 조직이나 경제적 이익취득을 위하여 폭력을 사용하는 조직과 차별화 된다.

이상에서 살펴본 바와 같이, 조직폭력은 폭력을 주된 수단으로 경제적 이익추구를 목적으로 최소한의 통솔체제를 갖춘 다수인의 계속적인 결합체라고 할 수있다. 그리고 조직폭력배는 이와 같은 조직의 구성원을 가르치며, 조직폭력범죄란 이러한 조직 또는 그 구성원에 의하여 행해지는 범죄를 지칭한다고 할 수 있다(강봉채, 2007: 18).

13. 지하경제의 활용

조직범죄는 일반적으로 투자에 비하여 이득이 월등히 많은 사업에 주력하게 되므로 자연히 합법적인 사업보다는 비합법적인 사업을 추구하게 되며, 주로 지하경제를 이용하게 된다. 그 예로 밀수나 암거래 등을 통한 지하경제를 경제적 수단으로 하는 경우가 많으며, 이를 통하여 자금세탁 등을 빈번하게 하고 있다(김기범, 2008: 37).

14. 존립기초로서의 폭력

보통 폭력은 사람이나 사물에 대한 공격적 행동이라고 할 수 있으나, 법률적인 면에서 조직폭력에 대한 폭력의 명확한 규정은 없다. 다만 법률명으로 「폭력행위 등 처벌에 관한 법률」이 있지만, 여기서도 폭력행위에 대한 명확한 정의 없이 폭력행위로 간주되는 행위유형을 열거하고 있을 뿐이다.

조직폭력에서 행하는 폭력을 위와 같이 이해한다면 조직폭력범죄의 대표적인 유형인 살인은 폭력으로 포섭할 수 없게 되는 불합리한 결과가 발생하게 된다. 따라서 조직폭력에서의 폭력은 최광의로 이해하는 것이 타당하고, 곧 상식적으로 이해되고 형사 정책적으로 배척되는 모든 의미의 폭력으로 확대하는 것이 합리적이다.

구체적으로 조직폭력배들이 폭력을 행사하는 경우는 ① 다른 조직과의 마찰시, ② 이권에 청부 개입된 경우 조직의 힘을 과시해도 상대방이 말을 듣지 않을 경우, ③ 조직 자체에서 갈등과 도전이 발생하는 경우 등이다.

조직폭력단체가 행사하는 폭력에는 무형적인 폭력과 유형적인 폭력이 망라된다. 무형적인 폭력은 실질적으로 신체에 유형력은 행사되지 않지만 상당한 위협이 되는 것을 의미한다고 볼 수 있다. 위에서 설명한대로 최근 조직폭력배들의 범죄양상이 점차 지능화 되어가고 직접적인 폭력행사를 자제하고 무형적인 폭력을 행사하고 있더라도 그 수단은 대부분이 폭행 또는 협박이다. 결국 재물의 교부 또는 재산상의 이득을 취하는 공갈죄를 범하는 경우가 많다. 수사관들은 공갈죄의 수단으로 폭행은 별론으로 하고 협박을 수단으로 한 경우 그 협박의 의미와 정도를 정확히 이해하고 조서를 작성하는 데에 유의해야 할 것이다. 유형적인 폭력의 경우는 일반 형사사건의 경우와 같이 현실적으로 드러난 폭력행위(폭행, 협박)와 결과에 대하여 피해조서를 작성해 나가면 된다. 즉, 폭행 또는 협박을 당하게 된 경위, 진단서가 있으면 진단서의 첨부(없을 시 병원진료기록부 또는 상해부위도 등 작성), 협박의 내용, 피해의 내용에 대하여 자세히 조서를 작성해 나가면 된다(강봉채, 2007: 19-20).

제 3 절 우리나라 조직범죄의 현대적 특징

1. 현대적 추이

이윤호(2008: 294)는 우리나라 조직폭력범죄의 현대적 추이의 특징으로 (ⅰ) 활동영역의 확장, (ⅱ) 구성원의 연소화 및 고학력화, (ⅲ) 조직폭력범죄 활동의 목적 변화, (ⅳ) 국제화 등을 꼽았다.

첫째, 기존의 유흥업소 주변 기생 수준 단계에서 벗어나, 합법을 가장하거나 실제로 합법적인 사업체를 운영하거나, 각종 위조행위와 신용카드범죄, 산업폐기물범죄, 불법 장기매매 등에 이르기까지 그 활동 영역이 넓어져가고 있다는 것이다. 즉, 다양한 분야로의 영역 확대 및 기업화·합법화가 조직범죄의 최근 동향에 있어서의 특징이라 볼 수 있다는 것이다(전대양, 2002: 125).

둘째, 폭력조직이 세를 불리기 위하여 중·고등학생이나 가출 청소년 등을 조직원으로 가입시키는 사례가 증가함에 따라 구성원이 연소화 되어가고 있으며, 고등학교 졸업 이상의 학력을 소지한 비율이 점차 증가하는 등 고학력화 현상도 보이고 있다.

셋째, 조직폭력범죄 활동의 목적이 변화하고 있다고 본다. 과거에는 폭력조직이 의리와 명분을 강조하며 생계를 위하여 폭력을 행사하였던 소외계층을 중심으로 결성되었으나(생계형 조폭), 현재는 오히려 소비와 향략을 위한 조폭이 증가하고 있다.

넷째, 통신과 교통의 발달로 인한 세계화의 영향으로 조직폭력도 국제화하고 있는 추세이다.

기타 조직규모 면에서 축소되는 한편 연계가 강화되는 추세, 국내 체류 외국인 폭력조직의 결성 등도 특징으로 꼽을 수 있다. 조직규모 면에서 경찰에 노출되기 쉬운 전국단위의 거대조직이나 기존조직의 확장보다는 조직원 개인이 추종자들을 규합, 소규모 신흥조직을 결성하거나 필요시 조직간 연계활동을 강화하는 추세를 보이고 있다. 또한 국내에 체류 중인 외국인들이 자국인의 사업을 도와준다는 명목 하에 폭력조직을 결성한 후 자국민을 상대로 폭력을 행사하는 사례가 증가하고 있다(전대양, 2002: 126). 다음과 같이 구체적으로 고찰해보기로 한다.

1) 지역 기반 소규모 군소조직의 발호

과거부터 우리나라 조직폭력의 두드러진 특징 중 하나는 지역 내 선후배 내지 또래 모임으로 시작하여 폭력조직으로 성장한 지역토착 폭력배가 다수라는 것이다. 이들 지역 토착 폭력배들은 조직폭력배를 미화한 영화와 드라마의 영향으로 소영웅심리를 갖은 학교주변 폭력배들을 영입하여 세를 확장하면서 진정한 폭력조직으로 성장하였다. 이런 성장배경으로 인해 조직폭력집단 간 지역적 배타성이 매우 강하다. 특히, 영·호남 및 충북·경기 지역의 토착 세력의 대립감정이 심했는데 이들 각 지역에서 생성된 폭력조직은 이합집산을 반복하며 오늘날까지 지역적 세력을 과시하고 있다(이윤근, 2001: 267).

이렇듯 조직폭력이 전국 단위의 대규모 조직이나 기존 조직을 확장하는 것을 포기하고 조직을 슬림화하는 이유는 조직원 개인이 추종자들을 규합하여 소규모 신흥조직을 결성하거나 필요시 조직간 연계활동을 강화함으로써(강동범, 2005: 312), 경찰의 단속망을 벗어나기 위한 선택으로 보인다. 이러한 이유로 지역에 기반을 둔 토착 폭력배로서의 소규모 조직의 발호는 앞으로도 계속 지속될 것으로 보인다.

2) 태스크포스 형태의 연합조직의 대두

최근 조직폭력은 조직간 연합하는 추세가 두드러지고 있다. 과거에도 대규모 광역조직의 탄생은 있었으나 과거 조직형태가 대규모로 영구적 광역조직, 전국구 조직을 목표로 비대화되었다면 최근의 조직폭력은 소규모로 일시적 연계·연합을 추구한다는 것이 차이라 하겠다. 이러한 추세는 다른 폭력조직에 폭력배들을 알선 공급해주는 소위 조폭 복덕방을 통해 지방 조직원들을 동원하거나 유사시 일시적으로 모였다가 흩어지는 인력풀(pool) 시스템의 가동(이인영, 2003: 546)으로 더욱 가속화되고 있다.

이러한 연합조직의 대두는 종전 조직폭력배들이 계보를 중심으로 특정 지역을 지배하는 형태가 아닌 업체별, 업종별 지배형태를 추구하며 이권은 지속적으로 확보하는 한편 조직의 결성·해체에 유연성을 부여함으로써 경찰의 단속망을 교묘히 빠져나가려는 최근 조직폭력의 행태를 반영하는 것이라 하겠다(김기범, 2008: 62).

3) 외국인 상대 외국 조직폭력의 등장

세계적 교통망의 발달과 국가 간 상호의존성이 높아지면서 사람과 재화의 이동이 늘어나고 그로 인해 범죄조직에고 국제화 현상이 대두되고 있음은 주지의 사실이다. 국내조직과 국제조직의 연계로 인한 국민들의 체감 불안은 미미한 정도에 불과하여 사실 더욱 관심을 두어야 할 부분은 이미 사회문제가 된 국내 체류 외국인들의 범죄이다. 왜냐하면 국내 이주 외국인의 경우 언어의 제약과 문화의 차이, 낯선 환경은 그들이 동화되기 어려운 벽이 되고 이렇게 동화가 어렵게 되면 이주자들이 지역사회를 형성하여 배타적 인종집단으로 남게 되는 경향이 있는데 이러한 새로운 집단은 범죄조직활동과 밀접한 관계를 갖게 되기 때문이다(신의기, 2004: 40).

특히 외국인 조직폭력범죄는 아직까지 두드러지게 활동상이 파악되지는 않았지만 외국인 거주 지역을 중심으로 외국인을 상대로 한 갈취행위, 폭행, 심지어 살인까지 이르는 심각한 범죄가 자행되고 있다. 비록 외국인 조직폭력범죄의 피해자가 주로 외국인에 한정되기는 하나 범죄의 불규칙성, 대상의 무작위성으로 인해 언제든 피해가 우리 국민들의 몫이 될지 모르기에 이에 대한 대책 마련도 시급한 실정이다(김기범, 2008: 65).

4) 온라인상 세력 과시 현상 출현

최근 포털 사이트에는 '조폭'이나 '깡패'라는 이름으로 결성된 동호회가 수백여 개에 이른다. 그 곳에는 '○○ 조폭 모임', '×× 깡패 동문' 등과 같은 문패를 내걸고 있으며, 사용되는 용어도 '행동대장', '조직원' 등이 많이 등장한다. '접니다요, 형님' 등 일상적인 인사나 코믹스러운 말투에서부터 '후려갈구다(=쳐다보다)', '짭새(=경찰)' 등처럼 폭력배들이 사용하는 은어도 눈에 띤다. 또 싸움기술 등 범죄기술과 관련하여 회원들 간에 토론이 벌어지기도 한다(양태규, 2003: 144).

인터넷 상 조폭 문화의 동경 내지 용인은 자연스레 조직폭력배들의 자기과시의 장으로 활용되고 있다. 이들은 싸이월드 홈페이지, 인터넷 카페 등에 소속된 조직의 단합대회 시 조직원들이 도열한 모습, 여름 야유회 시 온몸의 문신을 그대로 드러내며 위압적인 모습을 촬영한 사진을 올려놓고 폭력조직의 소속원임을 자랑스럽게 드러내놓고 있다.

온라인 상 폭력문화의 만연은 심히 우려할 만하고 자제되어야 마땅하나 인터넷 상 조직폭력배의 과시 사진은 수사상 매우 가치 있는 자료가 될 수 있다. 나이 어린 조직원들은 아직 형사처벌의 경험이 부족하고 처벌에 대한 두려움이 기성 조직원보다 상대적으로 없기 때문에 과감히 폭력조직의 내부를 적나라하게 내보이는 경우가 많다. 단합대회 사진과 사진 내용을 설명하는 글에서 조직의 결성 시기 내지 결성 경위 등을 파악할 수 있으며, 때로는 '○○형님이 한 턱 내는 자리' 등의 내용에서 자금책 등을 파악할 수도 있다. 야유회 사진과 글에서 조직원의 규모와 조직 체계 등을 파악할 수도 있고, 때로는 미처 파악하지 못하였던 아지트를 발견하거나 조직원을 발굴해낼 수도 있다. 인터넷은 부정적인 사회 현상에 대한 간접 학습의 장이 되기도 하고, 명예훼손의 장이 되기도 하며, 때로는 괴담의 진원지로 부정적인 기능이 있기도 하지만, 수사기관의 입장에서는 첩보수집의 보고요, 증거확보의 창고가 되기도 한다(김기범, 2008: 67).

5) 은퇴 후 활동 영역 변화

조직범죄 단원이나 중간 간부로 활동했던 자들이 조직 활동에서 손을 뗄 경우의 관행도 바뀌고 있다. 과거에는 조직 활동에서 손을 떼더라도 불법오락실, 룸살롱 등 유흥관련 사업체를 넘겨받거나 차려서 운영하는 경우가 많이 있어왔지만, 최근에는 일반인들을 대상으로 하는 합법적인 사업에 진출·운영하는 경우가 늘고 있다. 특히 고기집이나 일식집 등 요식업에의 진출이 증가하고 있는 것으로 보인다.

조폭들이 요식업에 종사하는 이유로는 지인이나 유명인을 통해 유명세를 얻어 쉽게 사업할 수 있다는 점이 유인으로 작용하기도 하며, 누가 봐도 조폭출신 티가 나는 사업보다는 건전하고 합법적 사업체를 운영함으로써 자신이 깨끗하게 손을 씻었다는 것을 보여주기 위해서라도 요식업 등 일반인들에게 익숙한 사업을 하는 경우가 증가하고 있는 것으로 보인다(헤럴드경제, 2013.02.14 보도).

2. 조직범죄의 미래

지금 우리가 사는 시대는 소위 말하는 '세계화' 바람이 지구 곳곳을 누비고 있고 정보통신기술의 발달로 공간적으로 제한받는 곳은 거의 존재하지 않을 정도가 되어가고 있다. 이것은 다시 말해 조직범죄의 활동영역 또한 전체 지구촌을 대상으로 할 수 있게 되었음을 의미한다. 그리고 이것은 다시 거대한 '다국적 조직범죄(transnational organized crime)'가 탄생할 수 있다는 의미이다. 국경의 장벽이 더 이상 의미를 갖지 않게 되었다는 것이다. 이순래(2011) 등은 Siegel, Bunt, Zaitch 등의 서구 학자들의 예를 언급하며, '세계적 조직범죄(global organized crime)'이라는 용어도 사용된다고 하였다. 그만큼 미래의 조직범죄는 지금보다 더욱 국제화, 대형화될 가능성이 높아졌다. 더욱이 이런 조직범죄집단이 테러범죄와 연결된다면 국제사회를 커다란 위험으로 빠뜨릴 수 있다. 그리고 최근의 냉전시대의 종말과 구사회주의국가의 몰락은 조직범죄의 전망을 급격하게 바꾸어 놓았다. 동유럽과 서유럽 사이의 장벽의 무너짐은 조직범죄집단에게는 불법적 사업을 위한 새로운 기회를 제공하고 있는 셈이다(이순래 외, 2011: 407).

제6장 조직범죄집단의 활동

제6장 조직범죄집단의 활동

제 1 절 우리나라 조직범죄의 발호 현황

경찰에서는 매년 조직폭력배의 척결을 '민생치안의 역점과제', '민생치안 확립의 최우선 과제'로 선정하여 '관리대상 조직폭력배를 선정, 전산화'하여 관리하고 있고, 경찰서별로 '폭력범죄 관리구역' 또는 '폭력범죄 특별관리구역'을 설정하여 집중단속활동을 펴고 있다. 또 1~3개월 간의 기간을 정하여 '조직폭력배 검거강화계획', '조직폭력배 집중소탕기간', '조직폭력배 소탕 100일 작전', '서민상대 갈취사범 집중단속계획' 등 다양한 단속활동을 전개하고 있다(김기범, 2008: 52). 경찰청이 발간한 범죄 분석 관련 공식 통계 자료집인 「경찰백서」를 기준으로 최근의 조직폭력배 검거 현황, 최근 동향 및 특별단속 추진성과 등을 살펴보면 다음과 같다(경찰청, 2012: 107-109).

1. 조직폭력배 검거 현황

경찰은 이권이 있는 곳이면 어디든지 기생하여 폭행·협박을 일삼는 조직폭력배 척결을 민생치안 확보의 최우선 과제로 선정하였다. 2011년 한 해 동안 강력한 단속활동을 전개한 결과 신흥폭력조직 66개파 1,953명 등 총 3,990명(구속719명)의 조직폭력배를 검거하는 성과를 거두었다.

[그림 6-1] 최근 5년간 조직폭력배 검거현황

(단위 : 명)

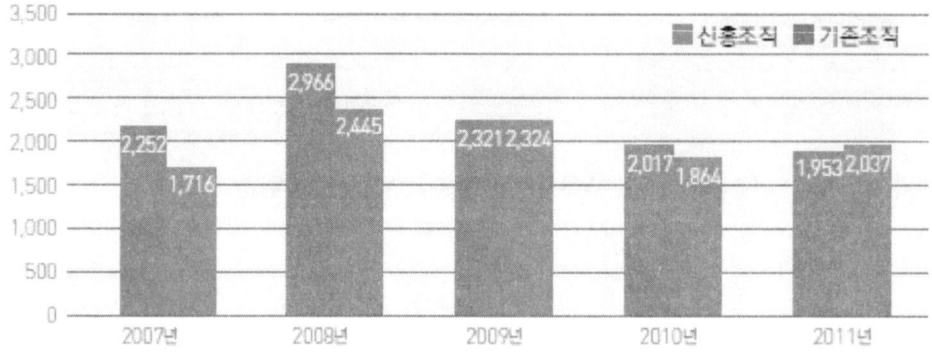

[표 6-1] 최근 5년간 조직폭력배 검거현황

(단위 : 명)

	2007년	2008년	2009년	2010년	2011년
신흥조직	2,252	2,966	2,321	2.107	1,953
기존조직	1,716	2.445	2,324	1,864	2,037

* 출처 : 경찰청. (2012). 「2012 경찰백서」. p.107.

2. 조직폭력배 최근동향

최근 조직폭력배의 활동방식이 전통적인 조직폭력배와는 사뭇 다르게 전개되고 있다. 노출을 피하기 위해 전국을 무대로 하는 거대 폭력조직을 결성하기 보다는 추종세력을 모아 소 계보를 형성하여 필요할 때마다 동원·활용하는 식으로 점차 '슬림화'되고 있다. 기존 유흥업소 등을 주요대상으로 하여 폭력을 수단으로 금품을 갈취하던 방식에서 합법적인 사업체를 가장하여 자금원을 확보하고, 각종 공사장 이권 개입, 행사 수익금 갈취, 불법채권 추심 등 건설업과 사채업, 유통업, 동남아시아 부동산 투자, 주식시장으로 활동분야를 다양화하고 있다. 게다가 경기침체로 유흥업소 매출이 감소하면서 자금원을 확보하기 위해 보험범죄, 불법게임장 및 인터넷 도박에까지 손을 뻗치고 있어 피해가 날로 심각해지고 있다.

또한, 범죄단체를 구성하거나 조직원으로 활동할 경우, 폭력행위 등 처벌에 관한 법률에 의거 최소 2년 이상의 징역이나 특히 수괴의 경우 사형까지도 처해질 수 있는 만큼, 죄증인정이 어려운 간접 폭행, 묵시적 협박 등 범죄 수법이 갈수록 지능화·고도화되고 있다. 또한 수사대상이 되면 자금력을 총동원하여 승률이 높은 변호사를 선임하고, 폭행이나 협박으로 피해자나 증인에 대해 진술 번복 강요, 허위 진술을 유도하는 등 다양한 방법으로 처벌을 피해나가고 있는 실정이다.

[표 6-2] 범죄유형별 조직폭력배 검거현황

(단위 : 명)

계	유흥 업소 갈취	폭력 행사	사행성 불법 영업	불법 및 변태 영업	탈세 및 사채업	마약류 불법 유통 등	인신 매매 및 성매매	부동산 투기 매입	서민 상대 갈취	기타
3,990	343	2,052	94	38	151	47	20	19	314	912

* 출처 : 경찰청. (2012). 「2012 경찰백서」. p.108.

구성원들의 연령은 20~30대가 대부분이나, 조직의 세력을 불리기 위해 자퇴·가출한 청소년 또는 학교에서 소위 '짱'이라고 불리는 학생들을 조직폭력단체에 가입 시키거나 학교주변 10대 불량배들이 자발적으로 가입하는 사례도 있는 것으로 나타났다.

[표 6-3] 조직폭력배 연령별 검거현황

(단위 : 명)

계	10대	20대	30대	40대	50대 이상
3,990	76	1,305	1,731	699	179

* 출처 : 경찰청. (2012). 「2012 경찰백서」. p.108.

3. 상·하반기 조직폭력 특별단속 추진성과

경찰은 최근 선제적인 단속활동으로 법질서를 확립하기 위해 3회에 걸쳐 특별단속을 실시하여 조직폭력배의 세력을 크게 위축시키고 있다.

[표 6-4] 조직폭력 특별단속 실적

(단위 : 명)

구분	계		신흥조직(성)폭력배			기존조직폭력배	
	검거(명)	구속(명)	조직수	검거	구속	검거	구속
2.28~4.27.	572	117	(7)	204	45	368	72
6.15~9.14.	1,343	261	1 (29)	796	155	547	106
10.24~12.31.	1,060	140	2 (11)	369	54	691	86

* 출처 : 경찰청. (2012). 「2012 경찰백서」. p.109.

2011년 2월 28일부터 같은 해 4월 27일까지의 1차 단속기간 중에는 조직폭력에 대한 집중적인 단속으로 범죄분위기 제압 및 안정된 민생치안의 기반을 마련하였다. 또한, 폭력조직 와해를 위해 대대적인 검거에 돌입하여 총 572명(구속 117명)을 검거하였다. 같은 해 6월 15일부터 9월 14일까지의 2차 단속기간 중에는 계좌추적을 통한 조직폭력 자금원 차단활동을 강화하여 범죄수익금에 대해 기소 전 몰수보전을 신청하는 등 조직폭력의 활동양상 변화에 적극 대응하였다. 같은 해 10월 24일부터 12월 31일까지의 3차 단속기간 중에는 인천 장례식장 조폭 난투극 사건을 계기로 조직폭력에 대한 단속을 더욱 강화하여 신흥조직 「○○파」, 「××회」 등을 와해시키는 성과를 얻었고 총 1,060명(구속 140명)을 검거하였다.

제 2 절 조직범죄의 주요 활동 영역

1. 범죄조직의 결성 및 가입

범죄단체를 결성하거나 이에 가입하는 행위, 가입을 강요하거나 권유하는 행위, 나아가 금품을 모집하여 지원하는 행위 등만으로도 처벌의 대상이 되는 범죄행위가 된다. 이에 대하여 「폭력행위 등 처벌에 관한 법률」에서 규정하고 있다.

우리 법체계는 집단적 또는 상습적으로 폭력행위 등을 범하거나 흉기 그 밖의 위험한 물건을 휴대하여 폭력행위 등을 범한 자 등을 처벌하기 위하여 「폭력행위 등 처벌에 관한 법률」을 제정하여 두고 있는 바, 이 법 제4조와 제5조 등에서 범죄단체의 구성, 범죄단체에의 가입, 구성원으로 행한 활동 등을 처벌할 수 있는 근거를 마련해두고 있다.

즉, 「형법」상의 폭행, 협박, 주거침입 내지 퇴거불응, 재물손괴, 존속폭행, 체포 내지 감금, 존속협박, 강요, 상해, 존속상해, 존속체포, 존속감금, 공갈 등의 죄를 상습적으로 범하거나(「폭력행위 등 처벌에 관한 법률」 제2조 제1항), 단체나 다중의 위력으로써 또는 단체나 집단을 가장하여 위력을 보임으로써 또는 흉기 기타 위험한 물건을 휴대하여 이상의 죄를 범한 자 등을 가중 처벌하도록 규정하고 있다(「폭력행위 등 처벌에 관한 법률」 제3조 제1항).

「폭력행위 등 처벌에 관한 법률」 제4조(단체 등의 구성·활동) 제1항에서는 이상에 나열한 범죄들을 목적으로 단체 또는 집단을 구성하거나 그러한 단체 또는 집단에 가입하기만 하더라도 처벌할 수 있도록 하고 있는데, 가담의 정도에 따라 ① 수괴일 경우, 사형, 무기 또는 10년 이상의 징역, ② 간부는 무기 또는 7년 이상의 징역, ③ 그 외의 가담자는 2년 이상의 유기징역에 처하도록 하고 있다(「폭력행위 등 처벌에 관한 법률」 제4조 제1항).

범죄단체 또는 집단을 구성하거나 그러한 단체 또는 집단에 가입한 자가 단체 또는 집단의 위력을 과시하거나 단체 또는 집단의 존속 · 유지를 위하여 ① 「형법」상의 공무집행방해죄, 공용서류 등의 무효 · 공용물의 파괴의 죄, 살인, 촉탁 내지 승낙에 의한 살인 등, 위계 등에 의한 촉탁살인, 살인예비 · 음모, 업무방해, 경매 내지 입찰의 방해, 강도, 특수강도, 준강도, 약취강도, 강도상해 내지 치상, 강도강간, 해상강도, 해상강도상해 내지 치상, 강도의 상습범, 강도의 예비 · 음모 등의 죄 등을 범하거나, ②「형법」상의 폭행, 협박, 주거침입 내지 퇴거불응, 재물손괴, 존속폭행, 체포 내지 감금, 존속협박, 강요, 상해, 존속상해, 존속체포, 존속감금, 공갈 등의 죄를 상습적으로 범하거나, 단체나 다중의 위력으로써 또는 단체나 집단을 가장하여 위력을 보임으로써 또는 흉기 기타 위험한 물건을 휴대하여 이상의 죄를 범한 경우, 본래 죄에 대한 형의 장기 및 단기의 2분의 1까지 가중하도록 하고 있다(동법 제4조 제2항).

나아가, 타인에게 범죄단체 또는 집단에 가입할 것을 강요하거나 권유하기만 해도 처벌(2년 이상의 유기징역)할 수 있도록 규정하고 있으며(동법 제4조 제3항), 범죄단체 또는 집단을 구성하거나 그러한 단체 또는 집단에 가입하여 단체 또는 집단의 존속 · 유지를 위하여 금품을 모집하기만 해고 처벌(3년 이상의 유기징역)할 수 있도록 하고 있다(동법 제4조 제4항).

한편 우리 대법원은 범죄단체의 성격과 관련하여, "「폭력행위 등 처벌에 관한 법률」 제4조에 규정된 범죄단체라 함은 폭력을 내용으로 하는 각종 범죄를 행한다는 공동목적 아래 특정다수인에 의하여 이루어진 계속적이고 최소한 통솔체제를 갖춘 조직체를 의미하고, 또 폭력 범죄단체로 인정하여 처단하기 위하여는 일정한 범죄를 저지르거나 준비하는 과정에서 단순히 여러 명의 공범이 가담하였다는 정도를 넘어서 그들이 일정한 통솔체계에 따라 일사불란하게 행동하고, 계속적으로 범행을 계획하고 실행할 우려가 있을 정도로 유기적인 결합체를 이룬 경우를 의미한다"고 판시하고 있다(대법원 1999.4.23, 선고, 99도82, 판결).

실정법과 대법원 판례의 태도를 종합해보자면, 현행 법체계 하에서 '범죄단체'로 인정되기 위하여서는 ① 목적의 공유(폭력을 수단으로 특정한 범죄를 공동하여 범한다는 목적의식), ② 위계질서와 통솔체제, ③ 다수인의 조직구성[2], ④ 지속적이고 유기적인 결합 관계 등을 필수적으로 갖추었음이 인정되어야 할 것으로 보인다.

2. 폭력 행사

폭력행사는 조직이 추구하는 경제적 이익을 취득하여 위한 주된 수단이다. 구성원의 활동방식과 기여도는 조직 내에서 구선원의 지위를 결정짓는 중요한 요소가 된다. 조직의 폭력행사는 대체로 다음과 같은 경우에 이루어진다. 첫째 타조직과 활동구역의 문제를 둘러싸고, 대립이 있는 경우이다. 활동구역의 존재는 조직의 유지를 위한 필수 불가결한 요건이기 때문에 조직은 이를 둘러싼 싸움을 중요하게 평가하고 폭력이 행사된다. 둘째, 조직자체내에서의 갈등과 도전이 있는 경우이다. 이것은 조직 내의 내분이 발생하거나 개인 또는 일부의 하부조직이 조직을 이탈하는 경우이며, 이때에도 잔인한 폭력이 행사된다. 셋째, 일반을 상대로 하는 폭력을 행사는 경우이다(강봉채, 2007: 25). 탈퇴한 조직원에 대한 보복이나 응징의 일환으로 폭력이 행사되는 경우도 상정해 볼 수 있으며, 각종의 청부폭력, 청부살인, 불법 용역 제

---

2) 범죄단체가 구성되기 위한 최소한의 인원이 몇 명인가에 대하여 학계의 의견이 분분하고, 실정법에서도 명확히 밝히고 있지 않다. 판례의 태도도 분명하지 않다. 다만, 실정법의 해석에 무게를 두어 판단하자면, 「폭력행위 등 처벌에 관한 법률」(제4조 제1항)이 가담수준과 관련하여, 수괴, 간부, 단순 가담자 등으로 구분하고 있는 것을 고려하면, 최소한 3인 이상이 결합하여야 범죄단체가 성립하는 것으로 보는 것이 타당한 것이 아닌가 한다.

공으로 인해 발생하는 폭력(입주민 불법 강제 철거 시 폭력행사 지원) 등도 범죄조직이나 그 구성원들이 폭력을 행사하는 경우에 해당된다.

3. 유흥업소 갈취

폭력조직의 활동영역이 확대되고는 있지만, 아직도 그들의 활동이 가장 쉽고 많이 발견되는 곳은 역시 유흥접객업소 주변이라고 할 수 있다. 물론 그들의 활동 중에서도 가장 일반적인 것은 유흥접객업소를 직접 운영하거나 무력으로 지배하는 것이다. 이들 유흥업소는 다중이 출입하고 많은 이권이 관계되며 취객의 통제도 쉽지 않는 등 사업의 성격상 아무나 경영하기 쉽지 않다는 이유로 이들 폭력조직이 직접 경영하게 되거나 폭력조직을 고용하여 운영하게 된다. 즉, 폭력조직에서 직접 운영하는 경우는 그 두목을 정점으로 조직원들이 지배인이나 영업부장 등의 종업원으로 일하게 되고, 일반인이 경영하는 업소에서는 폭력조직이 개입하여 영업보호를 명분으로 이익을 배분하게 된다(이윤호, 2008: 291).

4. 주류공급권의 장악

유흥업소를 둘러싸고 벌어지는 폭력조직 사이의 폭력이 행사되는 이유 중의 하나는 바로 유흥업소에 대한 주류나 음료수, 또는 과일 등의 공급권을 장악하기 위한 것이다. 즉, 폭력조직이 이들 업소에 대한 공급권을 독점함으로써 폭리를 취할 수 있기 때문에 공급권의 독점은 폭력조직의 중요한 사업이 되지 않을 수 없는 것이다. 이는 주류제조업체가 직판할 수 없고 중간 도매상을 거쳐야만 하는 유통구조상 엄청난 이권이 생길 수 있기 때문이다.

따라서 폭력조직에서는 가능한 많은 업소에 주류 등을 독점적으로 공급하기 위하여 폭력을 행사하게 되는 것이다(이윤호, 2008: 292).

5. 앵벌이

일종의 청소년 조직폭력단체라고 할 수 있는 '일진회'와 관련된 연구를 살펴보면, 최근 일진회는 폭력과 금품갈취는 물론 성상납까지 받아가며 지역별로 거대 조직화하고 있다고 한다. 이들의 폭력과 일탈행위는 성인의 '조폭'과도 비교될 정도로 잔인하다. 한창 민감한 사춘기에 있는데다가, 행위에 죄의식이 없고 영웅심리가 강한 시기이기 때문이라고 한다. 이러한 일진회가 흔히 저지르는 집단적 범죄 유형 중 하나가 이른바 '앵벌이'이다. 흔히 지하철이나 버스를 무대로 껌팔이를 시키는 앵벌이는 성인 조폭의 범행인 것으로 알려져 왔으나 이젠 중·고생 폭력조직도 이와 같은 범행을 저지르는 것으로 드러났다(박성용, 2004: 81).

6. 엔터테인먼트산업 진출 및 연예인 갈취

무도장 등 유흥접객업소에서 필요로 하는 여자 디스코 걸 등의 여자 종업원들의 공급권을 장악하여 그들의 출연료 등 수입을 착취하는 형태이다. 이를 위하여 폭력조직들은 소위 '프로덕션'이라는 것을 차려서 활동하게 된다. 자신들의 활동구역을 철저히 보호하며, 이의 침해시 철저하게 보복하여 자신들의 구역을 지키고 있다(이윤호, 2008: 291).

기업형 조폭은 유흥주점이나 불법게임장, 성매매업소 등 전통 영역이 아닌 건설업, 사채업, 유통업, 엔터테인먼트업 등 합법을 가장해 진출했다. 최근에는 주식시장, 인수·합병 등에도 관여한 데 이어 보험사기, 인터넷 도박사이트 등에도 파고들고 있다. 경찰은 조폭들이 엔터테인먼트 산업에 적극 진출하는 양상을 주시하고 있다. 경찰은 이들이 연예인을 상대로 금품을 갈취하거나 사인회, 각종 행사 출연을 강요하고 불공정 계약을 강요하는 등 불법행위를 일삼는 것으로 보고 있다(세계일보, 2013.01.07).

7. 부녀매매 및 인신매매

부녀자를 납치하여 유흥가, 사창가, 국외 등에 팔아넘기는 경우 등이 해당된다.

우리나라의 경우 부녀자인신매매는 이른바 '빨이꾼' 또는 '피알(PR)통'등 전문적인 납치조직에 의해 행해지는 경우이외에도 직업소개소에 의한 유인을 통하여 이루어지는 등 다양한 경로를 가지고 있다. 이처럼 범죄조직이 관여하는 부녀자 인신매매의 유형 가운데 가장 큰 관련을 맺고 있는 유형은 형법상의 약취유인죄라 한다. 최근에는 전문화된 범죄조직들이 중국과 러시아 등지의 여성들을 유인하여 매춘업에 알선하는 경우가 점점 늘고 있어 국제적인 범죄문제로 인식되고 있다. 조직범죄에 있어서 아동 및 여성의 인신매매는 마약이나 무기거래만큼이나 고소득을 보장하는 것임을 지적한 연구도 있다. 정지일(2007: 27)은 김은경(2002), 허경미(1999), 김영철(1996) 등의 연구를 참고하여, 불법 인신매매의 규모를 정리하였는데, 1997년 8월 태국의 아동권리보호소 소장은 매년 태국의 사창가로 10,000명 이상의 외국아동이 팔려오고 있으며 이들 대부분이 미얀마, 캄보디아, 중국 아동이며, 또한 과테말라에서는 빈곤한 가정의 부모들이 그 자녀들을 돈을 받고 양자 내지는 양녀로 제공하는 건수가 일 년에 30여건에 이르고 있다고 하며, 이러한 아동매매는 전 세계적으로 이미 100만 달러에 상당하는 사업으로 거론된다고 한다(정지일, 2007: 27).

8. 성매매

윤락행위란, '불특정인을 상대로 금품 기타 재산상의 이익을 받거나 받을 것을 약속하고 성행위를 하는 것'을 총칭한다. 조직범죄와 관련하여 매매춘이 문제되는 것은 특히 매매춘을 알선·조장·강요·감시하는 행위들 및 자발적 내지 비자발적으로 매매춘에 종사하게 되는 여성의 유인·알선·인신매매 행위들이다(전대양 외, 2004: 240).

매매춘을 유형론에 따라 분류해보자면 다음과 같다(전대양 외, 2004: 241-245).

1) **전통형 매매춘 :** 전통형 매매춘은 산업화 이전부터 존재한 고전적 매매춘을 말하는데, 소위 사창가라는 곳에서 직접적으로 몸을 팔고 그 대가로 생활을 영위하는 형태를 의미한다.

① 조직적 전업매매춘 : 특정 지역에서 집단적으로 상주하며 전문적으로 몸을 팔고 포주의 보호와 협조를 받고 있다. 우리나라를 비롯한 각국의 가장 보편적인 매춘의 유형이다.

② 자영적 전업매매춘 : 매춘 여성이 거리에서 고객을 접촉하며 상대를 찾아다닌다. 주로 길거리, 바(술집), 호텔로비 등의 장소에서 직접 고객을 찾는 유형이다. 우리의 경우, 과거에는 찾아보기 어려웠으나, 최근에는 공원, 고속도로 휴게소, 심야의 유흥가 주변 노상 등에서 매춘을 유혹하는 경우가 증가하고 있다.

③ 전업매매춘과 겸업매매춘의 중간형 : 여관발이, 연관뛰기, 관뛰기 등으로 불리며, 여관 등 숙박업소나 여행사 등에 적을 두고 연락망을 갖추어 매춘행위를 하는 콜걸을 들 수 있다.

2) **산업형 매매춘** : 산업화와 더불어 매매춘의 형태가 다양화되면서 생겨난 새로운 유형으로 호스테스·빠걸·나이트클럽·마사지걸·안마사 등에 의한 매매춘을 말한다.

① 겸업매매춘 : 매매춘 행위 자체가 주업이나 목적은 아니지만, 종종 매춘을 행해 상당한 수입을 올리는 호스티스, 웨이트리스, 바걸, 댄서, 스트리퍼 등이 해당된다.

② 부업매매춘 : 특히 상류층을 상대로 독립적인 전문직에 종사하는 여성이 행하는 매매춘 유형으로, 겸업이 아니라 부업의 한 형태라는 점, 고객층이 상류층에 한정된다는 점, 매우 은밀하게 행해진다는 점 등이 특징이다.

③ 잠정적 매매춘 : 안마시술소, 이발소, 증기탕 등의 퇴폐업소에서 면도나 안마 서비스 등을 제공하지만, 사실 잠재적으로는 매매춘에 노출되어 있다. 특히 안마시술소 등은 (i) 매우 은폐되어있다는 점, (ii) 매매춘 행위를 위장·은폐하기 유리한 점, (iii) 검거될 위험이 적다는 점, (iv) 호객 노력의 필요가 적다는 점 등 여러 이유로 증가하고 있는 추세이다.

④ 신종매매춘 : 전화, 인터넷PC(채팅 등) 등을 이용하여 직접 상대자와 대화하여 행하는 매매춘 유형 등 새로운 형태의 매매춘 (이상-전대양 외, 2004: 241-245).

9. 포르노그래피

1986년 당시 미국 레이건 대통령 직속의 미스위원회(Meese Commission)의 규정에 따르면, 포르노란 ① 비규범적인 육체적 피해 장면, 예컨대 강간을 묘사하는 낙폭한 표현물, ② 비폭력적이라 해도 여성을 가학적이고 굴종적으로 묘사하여 남자의 성적 관심을 과도하게 반응시키는 퇴폐적인 표현물,

③ 한 쌍 이상의 남녀의 성교장면을 노골적으로 묘사하는 표현물, ④ 미성년자의 알몸 노출을 의도적으로 다루는 표현물, ⑤ 기타 인체의 알몸을 명백히 드러내는 표현물 등을 망라한다.

포르노산업은 고객에게 광범위한 재화와 서비스를 제공하는데 그 범위는 적나라한 성적 내용을 담은 책과 잡지·영화 그리고 비디오 등을 망라한다. 그런데 포르노산업처럼 현금의 대량 유통이 가능하고 수많은 소비자가 존재하며 은밀하게 작업이 이루어지는 사업은 필연적으로 조직범죄의 흥미를 끌게 한다.

포르노 산업에서 이익을 취하는 조직범죄의 형태에 대하여는 많은 논의가 있지만, 다음과 같은 주장이 계속되어 왔다. Jack Anderson은 포르노 산업에는 표면적으로 사기행각이 만연하고 유령회사로 운영되지만 그 이면에는 범죄조직이 배후를 조정하고 있다고 하며, Guy Strait[3]는 포르노산업은 포르노그래피와 마약을 전문으로 하는 대규모의 카르텔에 의하여 통제되고 있다고 고백했다. 또한 G. W. Potter는 조직범죄가 관련되지 않은 포르노그래피는 거의 없다고 하였다.

FBI는 조직범죄가 개입되어 있는 포르노 산업상의 불법행위를 다음과 같이 정리하였다.

① 해적판을 수단으로 조직범죄가 관리하는 회사를 통하여 영화 제작물을 배포시키도록 요구한다.
② 독립적으로 소매 판매점에 침투한다.
③ 범죄조직이 관리하는 영화의 해적판을 견제하는 영화관 소유주에 대해 무력을 행사한다(전대양 외, 2004: 263-265).

3) 참고로 이 자는 1981년에 아동 포르노그래피 제작 혐의로 기소되어 유죄를 선고받은 자이다.

이외 에도 포르노 촬영을 위해 여성을 유인·납치·협박·알선한다든지, 장소를 제공한다든지, 온라인상에서의 판매를 독려하는 등의 행위가 관련된다고 할 수 있다.

10. 불법 도박 및 사행성 불법영업

사설 도박장, 이른바 하우스를 개설하여 전문 타짜와 결탁하여 사기 도박을 하기도 한다. 불법 성인오락실에 관여하여 지분을 갈취하고, 이권참여 등을 하게 된다. 또한 도박을 할 수 있는 장소를 빌려주어 어느 정도의 이윤을 챙기거나 도박게임을 진행하기도 한다. 또한 도박하는 사람들에게 그 자리에서 돈을 빌려주고 높은 이자로 도박자금을 대여하고, 그 채권을 회수하기 위해 청부폭력을 자행한다. 폭력조직은 하우스라고 불리는 도박장을 개장하여 고객을 유치한 다음 소위 고리를 뜯거나 현장에서 자금을 빌려준 후 높은 이자를 받으며, 사기도박기술자까지 동원하여 사기도박을 벌이기도 한다. 이러한 도박개장의 경우 도박조직은 사람을 모으고 폭력조직은 관리업무를 맡는 기능적 분담형태도 나타난다(강봉채, 2007: 22).

11. 불법밀입국 알선 및 수송

정지일(2007: 26)은 김영철(1996), 조병인(2000), 김은경(2002) 등의 연구를 참고하여, 불법 인신매매의 규모를 정리하였는데, 이에 의하면, 최근에는 불법밀입국알선 및 수송도 조직범죄집단의 주요 수입원으로 등장하게 되었으며, 연간 10만 명 정도의 불법이주민 밀항이 범죄조직 등에 의하여 주선되고 있다고 한다. 이러한 보고에서 알 수 있듯이 불법밀입국 알선 및 수송은 상당한 수익성이 보장되는 조직범죄의 새로운 영역으로 등장하고 있다, 즉 제3세계 국가로부터 부유한 선진공업국으로의 불법밀국의 증가가 엄청난 잠재 수요를 가지고 있으며 이들을 원하는 국가로 불법수송하는 것이 새로운 사업이 되고 있는 것이다. 예를 들면 인도나 파키스탄 또는 중국과 같은 국가들이 빈곤계층이 범죄조직(삼합회)에 의한 불법밀입국알선의 주요대상이 되고 있는 그 주된 목적국은 미국이라고 한다.

최근 우리나라에서도 외국인 불법체류자들의 증가와 함께 범죄단체들이 개입한 밀입국관련사례가 빈번히 나타나고 있다. 2003년 말 불법체류 외국인은 외국인 고용허가제 시행과 관련 불법체류자 합법화조치와 정부 활동단속반의 강력한 단속에 따라 총 138,056명으로 2002년에 비해 52.3% 감소한 것으로 나타났으며, 이는 전체 외국인 체류자의 20.3%에 해당한다. 이를 국적별로 보면 중국 국적의 불법체류자가 전체의 45%에 이르고 있으며 베트남·필리핀·방글라데시·태국 등 동남아시아인들이 대다수를 차지하고 있는 것으로 나타났다. 한편 한국에 희망하는 중국 동포들의 위장결혼, 여권 위·변조 등 불법입국 사례가 끊이지 않고 있으며, 이와 관련한 취업·결혼 등을 빙자한 사기 및 절도·착취·성폭력 등 범죄행위도 지속적인 증가를 보이고 있다. 한편 불법밀입국알선과 관련하여 향락산업의 발달에 종속하는 부녀자 인신매매가 문제된다. 특히 여아나 젊은 여성들은 유인 또는 납치하여 유흥업소나 사창가에 팔아넘기는 범죄조직들의 행각은 예컨대 인도, 파키스탄 및 태국 등에서는 이미 공공연한 사실로 인식되어 잇는데, 오늘에는 유럽의 여러 국가나 미국 등 진 세계적으로 그 심각성을 더하여 가고 있다(김은경, 2002: 65).

12. 밀수

최근 해외교역의 확대와 개방정책에 따른 소비 향락 풍조와 외제품 선호 경향 등으로 인한 밀수가 늘어나고 있어 조직범죄의 활동영역이 더욱 넓혀지고 있다. 밀수품목도 과거에는 주로 금괴·보석 등 귀금속류와 전자제품 위주에서 최근에는 컴퓨터 소프트웨어·공작기계류·농수축산물·한약재 등 다양화 추세를 보이고 있다. 밀수조직들은 국내에서 거주하다가 외국으로 이주한 화교나 재외교포들이 홍콩 및 미국 등지에서 전문밀수조직을 만들어 국내판매책 등과 환치기수법으로 밀수대금을 수령하는 수법을 사용하는 것으로 파악되며, 근자에는 공항밀수보다는 해상밀수가 더 많이 적발되고 있다(송태종, 2008: 113).

13. 마약류 불법거래

국제조직범죄와 관련하여 가장 먼저 관심의 대상이 되는 분야는 마약류 거래 분야이다. 아편, 마리화나, 코카인 등 마약은 조직범죄집단의 주된 취급물질이었으며, 국제적인 조직망을 갖춘 분야로 유엔에서도 특히 주목의 대상이 되고 있는 분야이다. 마약불법거래경로는 최근에는 콜롬비아 등 남미나 미얀마, 아프가니스탄 등 아시아 국가로부터 수입한 마약을 일정한 공급경로를 통하여 제공하는 조직체계를 갖추고 불법적인 마약류거래를 하고 있다 마약류 남용은 개인적, 사회적으로 여러 폐해를 가지고 있기 때문에 각국에서는 이 문제를 매우 심각하게 받아들이고 의학용, 과학용 외의 마약류의 거래를 금지하고 있다. 그러나 각국 정부의 노력에도 불구하고 마약류의 수요는 서방 선진국을 중심으로 날로 늘어나고 있으며 마약류의 국제적 거래도 꾸준히 증가하여 엄청난 규모가 되고 있으며 조직범죄집단의 가장 중요한 수입원으로 자리 잡고 있다. 마약류 가운데에서도 가장소비가 많은 천연마약의 경우에는 대부분 주요 생산국과 소비국이 각각 다르기 때문에 국제조직범죄집단의 가장 중요한 활동대상이 되고 있다. 따라서 마약거래가 조직범죄집단의 주요 자금원으로 되어 이로 인한 폐해가 심각하게 되었으며 이를 막기 위하여 1988년 국제연합의 「마약 및 향정신성물질의 불법거래방지에 관한 협약」이 체결되어 조직범죄집단에 의한 마약류거래를 차단시키기 위하여 각국이 공동으로 노력하고 있다.

마약류의 불법거래가 무기에 이어 세계 제2위의 교역물이 되고 있다고 하고 있으나 무기거래와 마찬가지로 마약류의 국제적 거래도 그 정확한 양과 액수는 알 수 없으며 단지 추정에 의해 짐작할 수 있을 뿐이다. 마약류의 불법거래는 막대한 수익을 올릴 수 있는 반면 그 유통단계가 복잡하여 단독으로 행하기는 힘이 들기 때문에 생산에서 소비자의 손에 이르는 거래의 각 단계마다 조직범죄집단이 깊이 개입하고 있다. 국제적으로 거래의 중심이 되는 마약류는 아편, 헤로인 및 코카인과 같은 천연마약이지만 일본을 중심으로 하는 동아시아지역에서는 각성제인 메스암페타민의 불법거래가 주요 문제로 되고 있다.

이들 마약류들의 최종 소비지는 대부분 선진공업국으로 미국을 중심으로 하는 북미지역과 유럽지역으로 대별된다. 19세기와 20세기 초의 마약류의 국제적 규제의 중심은 중국을 중심으로 하는 아시아지역이었으나 이들 국가의 엄격한 통제정책과 구매력의 약화로 인하여 그 중심이 서방선진국으로 옮아가게 되었다. 따라서 모든 마약류의 종착지는 북미지역과 유럽지역이며 한때 유럽에는 헤로인이, 북미지역에는 코카인이 그리고 아시아지역에서는 아편이, 일본에서는 메스암페타민이 주로 사용되는 등 뚜렷한 특성을 지나고 있었으나 점차 시장이 다변화되어 각 종류의 마약이 다른 지역에도 침투하기 시작하여 이제는 지역별 특성은 점차 줄어들고 있는 실정이다.

이러한 엄청난 이윤을 남기는 마약류 불법거래는 국제조직범죄의 발전에 큰 몫을 하였다. 또한 마약 불법 거래업은 여타 다른 종류의 불법거래, 특히 무기의 불법거래와 연계되는 조짐도 점차 나타나고 있어 심각한 문제로 등장하고 있다. 이 밖에 테러집단이 마약거래를 통해 얻은 이익을 활동자금으로 사용하기도 하는 등 마약과 관련된 문제는 점점 심각해지고 있다(신의기, 2004: 43-45).

14. 위조 화폐 및 위조 여권 등 제조 · 유통

국제위폐단 및 북한 등에 의해 제조된 위조 미화가 88올림픽을 계기로 국내에 유입되어 1993년까지 소액이 유통되다가 최근 들어 국내에 외국인 관광객과 '보따리상'을 통해 상당량의 위조 미화가 유통되었다. 또한 국제교류 증대 및 외환자유화 조치 등 환경변화에 따라 유통량이 지속적으로 증가하였다. 우리나라의 위조 미화의 대부분은 교류가 활발한 중국 · 러시아 · 동남아 지역에서 유입되어 왔다. 최근에는 중동 및 아프리카 등지의 소위 '보따리상'들을 통해 유입된 위조 미화가 동대문 · 남대문 시장 등지에서 많이 발견되고 있어 피해 사례도 증가하고 있다(전대양 외, 2004: 290-291).

여권을 위 · 변조하여 거래하는 조직범죄도 늘어나고 있다. 위 · 변조된 여권은 주로 출입이 규제된 일본에 재입국을 희망하는 내국인과 국내 불법취업을 희망하는 중국인이나 중국 동포 등에게 판매되고 있다(송태종, 2008:120).

15. 무기 · 총기류 유통 및 밀반입

총기류의 밀반입은 국내외 범죄조직과 연계된 전문 브로커를 통해 외국상선이나 화물선이 많이 출입하는 부산항 등 항만을 통해 밀거래되고 있는 것으로 알려지고 있다. 그런데 그 반입과 유통의 과정이 은밀하여 적발이 쉽지 않다(구본철: 2006: 28). 국내에 널리 퍼진 불법 총기류의 배후에는 동북아 주변 각국의 불법 무기 시장이 자리하고 있다. 90년대 들어 러시아 · 중국과 국교를 맺고 교역량이 증가하면서 한국이 이들 나라 총기 밀매 조직에게 매력적인 시장으로 떠오른 것이다. 게다가 주변국 불법 무기 시장은 각 나라의 범죄 조직 손아귀에 들어가 있다. 러시아 마피아, 중국 삼합회, 일본 야쿠자가 그들이다. 그 중에서 가장 큰 세력으로 한국을 넘보고 있는 것은 러시아 마피아이다. 러시아는 소련 붕괴 후 국내 혼란기를 거치면서 국가 통제력이 약해져 마피아 조직이 크게 늘었다. 92년 2천7백개 조직에 10만여 조직원을 거느렸던 러시아 마피아는 현재 6천여 조직에 3백만 조직원으로 급증한 상태이다. 이들은 옛 소련이 15개 공화국으로 분화하는 과정에서 엄청난 총기와 중화기류를 손에 넣었다. 이들 중 극동에 거점을 둔 마피아 조직은 무기류를 일본 · 한국과 동남아 각국에 밀거래하려고 세력을 확장해 왔는데, 우리나라의 경우 부산항을 통한 무기 밀거래 조직 침투 시도로 나타나고 있다. 러시아 마피아는 한국의 국제화 시책 및 교역량 폭증에 따른 출입국 통관 절차 간소화를 악용해 부산 외항에 정박하는 선박을 거점으로 손쉽게 권총을 국내에 반입하고 있다. 이 같은 사정은 중국도 마찬가지다. 중국에서는 개혁 · 개방이 추진되는 틈을 비집고 삼합회 등 범죄 조직이 세력을 키우면서 각종 군용 무기를 손에 넣는가 하면 무기 밀조 공장까지 차린 조직도 생겨났다(시사저널, 1996. 05. 30 보도).

16. 불법 장기 거래

조직범죄단에 의한 불법 장기 거래·매매도 사회적 이슈가 되고 있다. 장기를 적출하기 위한 납치·인신매매, 의학적 지식을 가진 자와의 접촉을 통한 장기 적출, 적출된 장기의 보관 및 운반, 장기 구매자의 물색 및 접촉, 실제 장기 제고 거래 등의 일련의 절차를 개인 범죄자가 하기는 매우 어렵다. 때문에 이는 필연적으로 조직범죄단의 개입이 있을 수밖에 없다. 또한 이러한 불법 장기 거래는 많은 이윤을 남길 수 있으므로 조직범죄단의 자금원으로도 적절하다고 여겨질 수 있다.

17. 불법 산업폐기물 처리

환경 관계 법률이 엄격해지고 즉 과거에는 무해한 것으로 취급되었던 산업폐기물이 유해물질로 재분류하는 법률이 제정되고, 산업 활동에 부수된 독성물질이 양적으로 증대되고, 이에 반하여 오염된 토지에 대한 정화활동은 적극적이지 못해, 유해한 산업폐기물은 재활용 운동이나 산업기술의 발전에도 불구하고 점차 늘고 있다. 산업폐기물의 분류, 처리, 보관은 많은 비용이 드는 산업이다. 따라서 범죄자들이 이 부분에 개입하여 불법이득을 취득하고자 하는 것은 놀라운 일이 아니다. 산업폐기물의 일부는 법적규제를 피해 외국으로 수출된다. 산업폐기물은 유럽연합의 한 나라에서 다른 나라로, 혹은 제3세계 국가로, 국경무역의 자유화 이후로는 동유럽국가들로 불법적으로 운송된다. 특히, 범죄조직은 생산업체로부터 산업폐기물을 불법 처리하는 조건으로 많은 이익을 취하고, 이를 다시 수출용 "경제상품"으로 신고한 후 외국에 판매하여 부수적인 이익을 취하기도 한다. 이 과정에서 발생하는 피해규모는 현재 거의 산출되지 않고 있다. 이러한 불법수익은 산업폐기물로 인한 생태학적, 사회적, 경제적, 정치적 폐해나 인체에 미치는 위험과 더불어, 환경범죄로 인하여 우리가 쥐게 되는 피해의 하나이다. 산업폐기물의 조직적인 불법거래는 우리가 특히 주목해야 한다. 왜냐하면 범죄조직이 산업폐기물을 아무데나 버림으로써 정상적인 경쟁관계를 왜곡시키고, 합법적인 산업폐기물 처리업체들이 시장에서 도태될 가능성이 있기 때문이다(이순래 역, 1994).

18. 고리대금 등 불법 사금융

서민 등 경제적 약자를 착취하는 대표적인 서민경제 침해범죄인 불법 사금융 범죄도 조직범죄집단의 주요 활동 영역에 해당한다. 고리대금업이나 불법채권추심 행위와 같은 불법 사금융 범죄가 조직범죄집단에 의해 저질러지고 있다. 특히, 무등록 대부업, 이자율 제한 규정 위반 대부 행위, 불법채권 추심행위 등이 자주 발생하는 것으로 알려져 있다. 고리대금업이나 불법사금융 외에도 대출사기, 유사수신행위, 전화금융사기 등도 발생하고 있다.

19. 채권추심 등 민사사건 개입

폭력조직 구성원들은 일반인들의 청부에 응하여 폭력을 행사한다. 아무런 원한 관계나 이해의 대립이 없는 사람에게도 일정한 액수 이상의 돈만 받으면 폭력을 행사한다(백성일, 1990: 205). 채권 추심과 관련하여서도 마찬가지이다. 대규모 범죄조직이 합법적으로 기업을 설립하여 이권에 개입한다면, 중소규모 범죄조직은 각종 민사사건에 개입하여 이권을 얻는 경우가 많다. 범죄조직들의 민사사건 개입은 채권자의 부탁을 받고 폭력을 행사하여 채권을 확보하거나, 반대로 채무자의 부탁을 받고 채무이행의 연기를 얻어내는 경우 또는 민사관계가 명확하지 않은 상태에서 민사관계의 성사 또는 해결을 위해 폭력이 동원되는 경우 등으로 나누어 볼 수 있다. 범죄조직은 심부름센터라는 간판을 걸고 신문이나 잡지에 '어려운 일 상담', '민사대행' 등의 광고를 내고 활동하기도 한다. 이들은 일반인들의 채권 · 채무 해결사 역할을 하는 것으로 원한 관계나 이해의 대립이 없는 데도 보수를 받고 폭력을 행사한다(송태종, 2008: 115).

20. 보험범죄

최근보험 범죄가 급속하게 증가하면서 조직폭력배에 의한 조직적인 보험범죄가 증가하고 있다. 보험범죄는 보험금을 부정하게 지급받기위한 것으로 사고의 개연성이 높고 사고의 정도를 높이기 쉬운 자동차보험, 상해보험, 의료보험 등에서 많이 발생하였으며 그 유형도 보험금의 허위과다청구행위, 편승수리행위, 과잉진료행위 등이 중심이었다. 그러나 근래에는 모든 보험분야에서 보험범죄가 저질러지고 있을 뿐 아니라 범죄의 양상이 다양화되고 있다. 이에 따라 조직적이며 반인륜적인 범죄가 나타나 살인 · 자살 · 상해 · 고의적 차량사고 유발 · 방화 등이 이용되고 있어 사회적으로 큰문제가 되고 있다. 이러한 조직화된 사건 가운데 2004년에 적발된 사건을 중심으로 유형별로 보면 다양한 유형이 나타나고 있음을 알 수 있다(신의기, 2006). 조직폭력 집단에 의한 조직적 보험범죄로는 1998년부터 2004년 7월까지 밝혀진 것만 총256회에 걸친 것으로 277명이 관련된 대규모 사건이 적발된 경우가 있다. 이들은 조직폭력집단의 구성원들로 일부가 차량 공업사 영업부장 일명 찍새로 활동하면서 지역 내 병원사무장 구 급차기사, 보험설계사, 카센터직원들과 결탁하여 조직운영 자금 확보 및 유흥비 마련 등을 위하여 상호 공모하여 고의 교통사고를 일으키거나 일방통행로 역주행 차량 등 법규위반 차량을 대상으로 고의 차량접촉사고를 유발한 후 마치 우연한 사고인 것처럼 위장하여 사고접수한 후 보험사 보상직원들에게 문신 등을 보이며 자신들이 조직폭력집단원임을 과시한 후 이들을 협박하여 과다한 조기합의금을 요구하는 등의 수법으로 총 256회에 걸쳐 24개 보험사로부터 합계 20억원 상당의 보험금을 편취한 혐의로 적발된 사례가 있다(금융감독원, 2005: 15).

21. 신용카드 범죄

현대사회가 신용사회로 급속히 발전하면서 신용카드와 관련한 범죄가 급증하면서 그 수법도 첨단화 · 지능화되고 있다. 최근에는 범죄조직이 신용카드범죄에 개입하여 조직화 · 국제화되면서 피해액도 연간 수백억 달러에 달하는 등 국제문제로 대두되고 있다. 즉 1990년대 들어 신용카드 사용이 확산되면서 이를 이용한 범죄를 조직적으로 행하고 있다. 범죄조직들은 신용카드 가입자의 신용정보를 빼내 현금카드 겸용 은행신용카드를 예금주 몰래 만들어 국내는 물론 해외에서 돈을 인출하는 수법을 사용하거나, 인터넷 등을 이용하여 다른 사람의 신상정보를 캐낸 뒤 각종 신용카드를 부정하게 발급 받아 돈을 인출하는 수법 등을 사용하여 불법수익을 챙기고 있는 것이다(송태종, 2008: 119)

22. 보이스피싱

보이스피싱은 2000년대 초반 타이완에서 시작된 범죄이다. 이후 중국, 일본, 한국, 싱가포르 등 주로 아시아 지역으로 확산되었다. 한국에는 2006년 중반에 상륙한 후 피해자가 기하급수적으로 늘어났다. 중국 현지에서는 한국인을 상대로 한 보이스피싱이 “돈이 된다”라는 소문이 파다하게 퍼져 있다. 중·소 규모의 보이스피싱 조직도 우후죽순 생겨나는 추세이다. 정부와 금융권도 대책 마련에 나섰고, 경찰도 수사에 나섰지만 한계가 있다. 우선 날로 진화하는 보이스피싱 조직의 수법을 따라가지 못한다. 그러다 보니 ‘예방’보다는 ‘사후 처방’에 그치는 실정이다. 공격해오는 창을 방패가 막아내지 못하고 있다.

경찰은 한 해에도 수십 명의 보이스피싱 조직을 적발하지만 ‘몸통’에는 접근하지 못한 채, ‘깃털’만 잡아들이고 있다. ‘배후 세력 발본색원’은 공염불이 되고 있다. 이런 일이 반복되는 것은 보이스피싱 범죄 조직의 구조 때문이다. 이들 조직의 본부는 중국에 있다. 두목인 총책은 현지 ‘안전 가옥’에서 지내며 국내 조직원들에게 스마트폰이나 이메일 등으로 명령을 하달한다. 때문에 중국 총책은 처벌을 피하면서 천문학적인 돈을 편취할 수가 있다. 국내 조직이 적발되어도 중국에 송금된 돈을 찾는 것은 불가능하다. 보이스피싱 조직에게 ‘국경’은 보호망이자 안전망인 셈이다.

지금까지 중국 총책은 철저하게 베일에 싸여 있다. 이들의 배후에는 중국이나 타이완의 조직폭력 단체가 버티고 있다. 중국에서는 흑사회나 삼합회 등이 보이스피싱 조직을 운영하거나 관리하며 직·간접적으로 개입하는 것으로 파악된다. 타이완의 폭력 조직 ‘죽련방’의 하부 조직이 국내에 들어와 보이스피싱을 하다 구속되기도 했다. 죽련방은 타이완의 3대 폭력 조직 가운데 하나이다. 이처럼 대규모 보이스피싱 조직의 배후에는 국제 범죄 조직이 있다. 이들에게 보이스피싱은 조직 운영자금의 조달 창구가 되고 있다. 중국 내 보이스피싱 조직의 본거지는 원래 동북 3성(지린 성·랴오닝 성·헤이룽장 성)이다. 이곳은 조선족이 밀집한 지역이다. 중국 공안의 단속이 강화되면서 서서히 지각 변동이 일어났다. 이곳에 집중되어 있던 보이스피싱 조직들이 새로운 안전지대를 찾아 떠나기 시작했다. 이들이 정착한 곳은 '남부 경제·관광 특구'인 윈난 성, 하이난 성, 광둥 성, 푸젠 성 등이다. 중국 공안 당국은 "최근 중국 공안의 보이스피싱 단속이 강화되자 근거지를 타이완이나 태국 등으로 옮겨가고 있다"라고 밝혔다.

한국인을 상대로 한 중국 내 보이스피싱 조직도 끊임없이 세포 분열을 했다. 국정원 등에 따르면 2008년 기준으로 약 10~15개 정도의 조직이 있었다. 지금은 워낙 많이 늘어나서 숫자를 헤아릴 수 없을 정도이다. 보이스피싱 조직의 춘추 전국 시대가 도래한 것이다. 중국에서 보이스피싱 조직이 활개치는 것에는 이유가 있다. 범죄가 아니라 '돈 되는 사업'으로 보기 때문이다. 조직은 '기업'으로 여긴다. 조직의 관리·운영 방식도 기업과 비슷하다. 두목인 총책(자금주)은 중국인이나 타이완인이다. 한 조선족 소식통은 "내가 아는 사람도 중국에서 보이스피싱을 한다. 범죄라기보다는 '일'과 '직업'으로 생각한다. 특히 중국인이 아니라 한국인을 상대로 하기 때문에 '뭐가 문제냐'는 식이다. 심지어 '외화벌이'라고 생각하는 사람도 있다. 앞으로 중국발 보이스피싱이 늘어나면 늘어났지 줄어들지는 않을 것이다"라고 말했다(시사저널, 2012.07.04 보도).

23. 부동산 투기 개입

조직폭력단체는 부동산투기에 개입하여 위장거래를 부추기고, 이해관계가 얽힌 분양과정에 개입하여 폭리를 취하고, 경매절차나 건설공사 입찰이나 건축자재 공급과정에 개입하여 막대한 금액의 불로소득을 챙기기도 한다(조병인 외, 2007: 1272).

신규 아파트 분양 현장에서의 폭력조직에 의한 피해도 꾸준하다. 이들은 분양 현장에서 각종 이권에 개입하고 폭력과 협박을 일삼아 불법적 이익을 취득한다. 예컨대, 폭력조직단은 아파트 분양권을 싹쓸이 한 뒤 이른바 떳다방 업주와 분양을 원하는 일반인들에게 자릿세 명목으로 돈을 받고 넘기거나, 모델하우스 현장에서 폭력과 협박을 행사하여 건설사로부터 분양권을 부당하게 취득하거나 금품을 강취하는 것 등이 그 예라 할 수 있다. 또는 공개추첨 방식의 분양방식을 선착순 방식으로 강제로 바꾸게 한 뒤 분양권을 싹쓸이하는 경우도 있으며, 선착순 상 우선순위에 있는 일반인을 협박하여 자신들이 먼저 분양권을 받은 뒤 값을 올려 되파는 예도 있다. 이러한 피해는 결국 서민들에게 고스란히 전가되고 있다.

24. 자금세탁

자금세탁이란 범죄활동으로 조성된 자금을 금융기관 등을 통하여 합법적인 자금으로 전화시키는 행위로 수입의 존재, 불법적 출처 및 위법한 사용을 은닉하고 그 수입을 합법적인 것으로 위장하는 일련의 과정을 말한다. 즉 마약류의 밀거래나 불법무기거래 기타 조직범죄를 통하여 얻은 수익금이나 뇌물, 불법자금을 금융기관이나 제도적 장치 등을 통하여 얻은 수익금이나 뇌물, 불법자금을 금융기관이나 제도적 장치 등을 통하여 합법적인 자금으로 전환하는 것을 말한다.

자금세탁은 일반적으로 다음과 같은 세 단계를 거치게 된다. 제 1단계는 배치단계(placement)로 현금을 은행이나 적법한 거래체계로 끌어들이는 단계이고, 제 2단계는 반복단계(layering)로 범죄수익금을 여러 금융기관에서 입출금을 반복하거나 자금을 해외로 송금하는 방법 등을 통해 불법수익을 원천으로부터 분리하는 단계이며, 제 3단계는 통합단계(integration)로 출처가 위장된 자금을 합법적인 수익과 혼합하거나 합법적 자금으로 사용하는 단계이다(송태종, 2008: 121).

25. 기타

기타 건축자재의 공급 입찰에 개입하거나, 경매에 개입·방해하는 행위, 불법적인 철거 용역 지원, 건설업 개입 등을 통하여 불법적 이익을 추구하고 조직의 유지·성장을 꾀한다. 공생자적 '공생자로서의 조직범죄' 단계에 안정적으로 진입한 범죄조직은 기업잠식 등의 방법을 통하여 합법적 사업에 진출하고 안정적인 소득원을 확보하기도 한다. 이러한 일련의 모든 조직범죄 활동들을 원활히 하고 검거 가능성을 낮추며 형사사법제도로부터 가급적 용이하게 하기 위하여 관련 공무원이나 형사사법기관 종사자, 지역 사회 유력인사, 정치인 등에게 상시적으로 뇌물을 제공하는 행위도 조직범죄집단의 일상적인 활동 영역에 포함된다고 볼 수 있을 것이다.

나아가 분쟁지역 국가들 등 세계의 여러 지역들에서는 조직범죄집단에 의하여 경제적 목적, 정치적 목적, 사회적 목적, 종교적 목적 등 각종 목적 달성을 위한 테러행위가 자행되기도 한다.

제7장 우리 역사 속 조직범죄

제 1 절 근대 (1863년) 이전

제 2 절 근대 (1863년) 이후

제 3 절 한국조직폭력의 변천사적 특징

제7장 우리 역사 속 조직범죄

제 1 절 근대 (1863년) 이전

1. 고려시대

1) 무신정권기의 무장단체

고려 중기에는 1170년 (의종 24년) 무신정변 이후 「정중부→경대승→이의민→최우→최항→최의」를 거치며 1258년까지 88년간 무신정권이 유지되었다. 이렇듯 88년간 6차례나 정권이 교체되는 등 암살과 배신이 판을 치다보니 권력을 잡은 무신들도 안심할 수가 없었고, 경호목적의 사병집단을 운영하기 시작했는데, 이러한 사병들이 묵는 숙소를 도방(都房)이라 칭하였다. 경대승은 사병 수백명을 자신의 집에 묵게 하며 정적에게 테러를 가하고 때때로 양민을 상대로 약탈을 일삼았으며, 최충헌은 한량과 군졸 3,000여명을 선발하여 자신을 호위하게 하였다고 한다. 문무관 · 한량 · 군졸을 막론하고 기운이 센 사람을 불러들여 6번(番)으로 나누어 매일 교대로 가택을 수직하게 하고, 출입 시에는 6번이 모두 합하여 호위하였다고 한다(이민형, 2009: 360). 최우는 집을 지키는 내도방과 외출 시 호위를 맡는 외도방으로 나누어 조직을 체계화하고 규모를 확대하였다(방성수, 2003: 23-24). 현대사회에 비유하자면, 상당히 규모가 큰 개인 경호기구를 운영한 것이라고 볼 수 있고, '정치권 실세의 보디가드' 조직 격이라 볼 수도 있다. 현대사에서 조직폭력배들이 정치에 개입하고 유력 인사들의 보디가드 역할을 일부 수행했었던 것을 감안하면, 도방(都房) 등 고려 무신정권기 유력 실세의 주변 조직들은 현대의 범죄조직과 유사한 성격도 일부 띠었던 것으로 보인다. 경대승의 경우 도방의 군사들의 약탈과 비리가 심해 정적들뿐만 아니라 일반 백성들의 원성까지 듣게 되었음에도 불구하고 끝까지 도방 군사들에 대해 각별한 뒷받침을 하였다(곽윤길, 2010: 367).

2) 악소배

악(惡)한 소인배(小人輩)로 고려시대에 왕성하게 활동한 청소년 깡패집단이다. 고려시대에는 악소배(惡小輩)로 불리는 청소년 깡패가 기승을 부리곤 했는데, 으슥한 모퉁이에 어울려 있다가 지나가는 부녀자를 희롱하거나 강절도 행위, 무전취식 등을 일삼았다고 한다. 권신들의 자제들 중에도 악소배 집단에 속한 자들이 있었다고 한다.

3) 땡추와 땡중

고려 말기에 개혁을 추진했던 공민왕(제31대)이 승려 신돈에게 도움을 요청하여 구성된 개혁 성향을 가진 승려들의 모임 명칭이 '당취'였다고 한다. 그런데, 신도 사후에 이 당취는 폐지되고, 구성원이었던 승려들은 그 단체의 성질이 변질되어 비행을 일삼았다고 한다. 이에 '당취'라는 명칭을 격하시키거나 조롱하는 의미로 '땡추', '땡초' 등으로 부르다가 '땡중'이라고 부르게 되었다고 한다. 이들은 무리를 지어 다니며 폭력을 일삼는 등 각종 행패를 부리고, 매음 등 풍속 범죄 등을 저질렀다고 한다.

2. 조선시대

1) 한양 등지의 건달패

방성수(2003: 25)에 따르면, 조선시대에도 현대의 범죄조직과 유사한 건달패들이 존재하였던 것으로 보인다. 1453년 계유정란(수양대군, 즉 세조가 조카인 단종을 몰아내고 왕으로 등극한 사건) 때에도 한양의 주먹패가 중요한 역할을 담당했다는 기록이 있다(홍윤성이라는 인물에 대한 기록이 있는데, 홍윤성은 이 당시 한양 건달패의 우두머리 출신이었으며, 세조의 집권 이후에 관직에 나아가기도 함).

1884년 갑신정변(김옥균 등 급진개화파가 개화사상을 바탕으로 조선의 자주독립과 근대화를 목표로 일으킨 정변. 3일천하로 끝남.) 당시 한양에 진출해있던 일부 일본인들이 공격당했는데, 한양의 건달패들이 주축이었다는 기록도 있다. 또한 흥선대원군(이하응, 고종의 아버지, 1829~1898)은 천희연, 하정일, 장순규, 안필주라는 자들과 자주 어울린 바, 이들은 한양의 내로라하는 어깨 출신들이었으며, 성(姓)을 따서 '천(天)·하(河)·장(張)·안(安)'으로 불렸다고 한다(방성수, 2003: 25).

2) 꼭지단

영조시대 (1724~1776) 이전에 서울의 가산(假山, 현재의 을지로~동대문 인근에 해당) 일대에 형성된 전과자나 거지집단의 두목들을 일컫는 말이었으며,이들은 당대 세도가의 사주를 받고 정치적 반대세력의 움직임을 정탐하거나, 때때로 청부폭력을 행사하기로 하였다고 한다(방성수, 2003: 25). 현대의 범죄단체의 일부 활동과 유사한 점이 있었던 것으로 보인다.

3) 화적(火賊)

화적은 도적(盜賊)이라고도 불리는데, 생계의 곤란을 이유로 무리를 지어 활동하며 재산을 약탈하고 심지어는 살인도 행하였다고 한다. 조선시대의 화적 중 가장 대표적인 임꺽정의 경우, 가장 활발하게 활동한 시기는 1559년부터 1562년까지의 3년 동안이었다고 한다. 그의 활동은 조선왕조실록(명종실록)에도 기록되어있으며, 당시의 조정 대신들은 임꺽정 등 도적패가 주민을 살해하는 점과 이에 대해 관리들이 제대로 계획을 세우거나 대응하지 못하는 점을 우려하여 논의하였다고 한다. 실록의 기록을 볼 때 임꺽정은 황해도를 근거지로 한 도적이었으며, 일당의 보복이 두려워 백성들이 감히 신고조차 하지 못할 정도였다고 하는 등 그 세력이 매우 컸던 도적떼였다고 한다(신병주, 2009: 140-141).

4) 검계(劍契)

검계는 조선시대 도성 내의 폭력 집단의 대표적 유형이라고 할 수 있는데, 폭력과 재산 강탈, 살인까지도 일삼는 등 상당히 흉폭했던 집단이었던 것으로 보인다. 검계 사람은 옷을 벗어 몸에 칼 흔적이 없으면 들어갈 수 없었으며, 낮에는 낮잠을 자고 밤에 돌아다니는데, 도박장과 매음촌 등에서도 눈에 띄었으며, 사람을 죽이고 재물을 빼앗기를 일삼았다고 한다. 양가의 부녀자들을 겁간하는 경우도 많았다고 한다(고석규, 1999).

5) 왈짜(왈자, 曰者)

왈짜는 검계에 비하여 좀 더 넓은 의미에서 포괄적으로 비행·일탈적 계층·집단을 일컫는 말로 설명될 수 있다. 고석규(199)는 왈짜들의 특징적 성향을 (i) 폭력성, (ii) 유흥성, (iii) 도박 관련, (iv) 상업성 등으로 꼽았다.

왈짜의 첫 번째 특징 성향은 상당히 조직화·집단화된 폭력성이다. 왈짜의 핵심 구성원들은 대개 무반 내지 무인계통으로 힘을 쓰는 집단이고 그 힘은 곧 폭력이었다. 두 번째 특징은 유흥성이다. 왈짜들은 서울에서 벌어지는 유흥을 장악하고 있었다. 왈짜 중 한 부류인 한량이 원래 무반 출신을 지칭하는 용어인데 통상 돈 잘 쓰고 잘 노는 사람을 한량이라고 부르게 된 사연을 생각하면 무인과 유흥의 상관관계를 추론할 수 있다. 도박도 왈짜들의 관장 사항이었다고 한다. 각종 관청의 하인·종, 양반집 하인, 군사 등을 규합하여 노름판을 벌이곤 했다고 한다. 마지막으로 왈짜의 성향으로는 상업성을 꼽을 수 있다. 이들은 상업적인 관심도 높았고 또 실제 상행위에도 참여했다(고석규, 1999).

제 2 절 근대 (1863년) 이후

1. 일제 침탈기

1885년 일본정부의 사주를 받은 일본 낭인(浪人) 48명이 고종황제의 비(妃)인 명성황후를 시해하였고, 훗날 이들은 일본 제국주의 법정에서 모두 무죄를 선고받았다. 일본 제국주의의 침략이 본격화되면서 일본 낭인들이 대거 한양에 들어와 서울 사대문 안의 상인들을 괴롭혔다는 기록있다. 구역(나와바리)을 정하고 상인 보호비를 갈취하는 등 현대의 조폭의 모습을 갖추어나가기 시작했다. 1920년대에 일본의 경제 침략이 가속화되면서 총독부의 비호하에 종로나 명동의 상권 장악을 위해 일본의 야쿠자 조직들이 대거 진출하여 조선 상인을 몰아내는 역할을 했다는 기록이 있다(방성수, 2003: 27).

2. 일제 치하의 친일 조직과 반일 조직

친일 조직으로는 보부상이 중심이 된 황국협회(1896년 서재필 박사가 독립협회를 견제하기 위해 창립)가 대표적인데, 이 황국협회의 인사들은 독립협회 요인들에 대한 테러나 만민공동회 등의 애국 활동을 방해한 대가로 소금·철·토기·목기 등의 독점 판매권을 넘겨받기도 했다. 일종의 매국 조폭이라 볼 수 있다.

반일 주먹들도 등장하였는데, 제국주의 시절 일제의 식민 통치 하에서 항일 가문 출신의 건강한 젊은이들이 진출할 수 있는 통로 중 하나가 주먹세계로 인식되었다. 대표적인 항일 주먹으로 구마적, 신마적을 들 수 있으며, 김두한, 만주대륙의 '시라소니' 이성순 등도 시대를 풍미한 반일주먹으로 손꼽힌다(방성수, 2003: 28-29).

일제 시대의 폭력조직들은 일본인 혹은 친일파에 대한 폭력행위에 있어서 일본에 대항, 혹은 반항하는 조선이라는 민족의식이 존재하였고, 이러한 민족적 대립의 의식구조 하에서 폭력행위를 정당화하였다. 여컨대 김두한 조직의 경우를 보아도 관할구역 안의 조선 상인에게 보호비라는 명목으로 각종 현금과 세금을 탈취하지만 조선 상인들을 일본인으로부터 보호해주는 형태를 띠었다. 또한 일제 하의 대부분의 폭력적 인물들은 조직보다는 개인기를 바탕으로 행동하는 개인플레이를 선호하였다는 점이 특징이다. 이러한 면 때문에 설사 조직 간에 갈등이 있어도 전면적인 싸움 대신에 조직의 두목끼리 맞대결을 통해 패한 조직의 보스는 승리한 조직에 흡수되거나 그 지역을 떠나는 양상을 보임으로써 이 시기를 일명 낭만주먹시대라고 칭하기도 한다(김기범, 2008: 40).

한국 주먹 역사에서 본격적으로 조직다운 폭력조직을 시도한 사람은 1940년대 이후 김두한 조직이었다고 하지만 그들조차도 현대적 의미의 체계적인 위계질서가 있는 조직이라기보다는 일종의 "떼" 내지는 "무리"라고 할 수 있을 것이다(김기범, 2008: 41).

*** 김두한(1918~1972)**

서울에서 태어났으며, 호는 의송(義松)이다. 3·6대 국회의원을 지냈으며, 독립운동가 김좌진(金佐鎭)의 아들이다. 서울 교동국민학교를 마치고 협객으로 활동하면서 주먹왕으로 군림하였다. 일제강점기 말에는 주먹의 힘으로 민족적·의협적인 행동을 하였다. 광복 후 한독당(韓獨黨) 재정위원·대한민주청년연맹 부위원장·대한노조총연합회 최고위원 등을 지냈고, 반탁운동과 노동운동에 종사하였다.

1954년 3대 민의원 선거에 무소속으로 출마하여 당선된 뒤 자유당에 입당하여 활동하다가 이승만 대통령의 3선 개헌을 목적으로 한 사사오입(四捨五入改憲)에 반대함으로써 자유당에서 제명되어 야당 생활을 하였다. 1965년 제6대 국회의원 보궐선거에서 한국독립당(약칭 한독당) 후보로 출마하여 당선되었으나 이른바 한독당 내란음모사건에 연루되어 서대문형무소에 수감되었다가 풀려났다.

1966년 9월 삼성그룹 계열의 한국비료공업이 사카린 원료를 밀수한 사건과 관련하여 국회 본회의에서 국무위원석에 오물을 던진 '국회오물투척사건'을 일으켜 큰 파장을 일으켰으며, 이로 인하여 서대문형무소에 수감된 뒤 같은 해 국회의원직을 사퇴하였다. 이후 야인 생활을 하다 1972년 11월 사망하였다. 극적인 삶으로 인하여 소설·영화·텔레비전 드라마 등의 소재가 되기도 하였다.

(두산백과 http://terms.naver.com/entry.nhn?cid=200000000&docId=1072258&mobile&categoryId=200001110)

3. 조직폭력의 '정치깡패'화

해방 후 대한민국의 정부수립이 있기까지 해방공간에 미군이 주둔하고 미군정이 시작되었지만 해방공간을 이끌어갈 정치세력이나 이념 등 어느 것 하나 확정된 것이 없었다. 이러한 혼란기에 미군정당국과 우익, 중도, 좌익 세력들의 대결양상과 이들의 정치적 야욕을 위한 폭력 및 테러조직들이 생겨났다. 해방 후 경제적으로 절대빈곤과 궁핍으로 부랑자와 거지가 많은 상황에서 주먹을 무기로 패거리를 이룬 일단의 집단이 서식처를 찾아 유흥가 주변에서 활동하였는데, 이들을 소위 깡패라고 하였다. 이들은 폭력행사시 주로 주먹을 사용하면서도 실리와 함께 의미와 명분을 중시하는 점에서 조직폭력과는 구별된다고 할 수 있다. 즉, 최근의 폭력조직은 수단과 방법을 가리지 않고 경제적 이익을 쟁취한다는 점에서 차이점이 있으나 이들의 연장선이 현 폭력조직이라고 생각할 때 이들에 대한 검토도 소홀히 할 수 없다. 또한 이 시기에는 백골단, 민중자결단, 땃벌떼 등 어용관제단체와 비밀정치폭력단 등을 조직하여 정부에 비판적인 야당을 탄압하는 도구로 이용하기도 하였다(김기범, 2008: 41).

1945년 광복을 맞으면서 혼란을 틈타 폭력조직들은 힘의 법칙을 내세워 또다시 세력화하기 시작했다. 또 좌·우익의 이념대립 속에서 조직폭력배들은 정치권과의 결합도 시도했다. 이승만 정권 이후 폭력조직들은 저마다 살길을 찾아 이른바 '정치깡패'의 길로 접어들었다.

많은 폭력배들이 정계 인사들과 연계한 활동을 했으며, 1957년 5월 25일 서울 장충단공원에서 발생한 '장충단 민주당 시국강연회 방해 사건' 등을 비롯한 정치 개입 사건을 벌이거나 정치테러 등을 다수 자행한 사실도 역사에 기록돼 있다. 특히 우익단체로 위장한 폭력조직들은 이승만 정권을 옹호하는 유인물을 뿌리며 관제 데모를 벌이기도 했다(문화일보, (2013.01.11일 보도).

4. 군사정권의 대대적 단속

박정희 전 대통령은 1961년 5·16 군사 쿠데타 이후 정치깡패에 대한 대대적인 단속을 실시한다. 쿠데타 직후인 5월 21일 서울 거리에는 검거된 깡패들이 자신의 본명과 별명이 적힌 이름표를 가슴에 매달고 나타났다. 일행의 선두에는 '우리는 깡패입니다. 국민의 심판을 받겠습니다'라는 현수막이 세워

져 있었다.

전두환 전 대통령은 '삼청교육대'를 통해 조폭 청산 작업을 이어갔다. 상당수의 조직폭력배들이 삼청교육대에 끌려가 와해되는 조직이 많았다. 노태우 전 대통령 역시 '범죄와의 전쟁'을 통해 조폭 소탕에 나섰다. 검·경의 대대적 단속으로 보스급들이 줄줄이 구속되면서 조폭들은 또다시 주춤했다(문화일보, (2013.01.11일 보도).

5. 전국구 조직의 형성과 와해

정치깡패에 대한 대대적 단속으로 그 세력의 확장이 주춤해진 1970년대에는 각 지역의 세력들이 세를 키우며 서울로 진출했다. 이들은 한층 더 잔혹한 방법으로 보복과 폭행을 감행해 세력을 전국으로 확대해 나갔다. 또 기존 사행산업과 유흥업소들에 대한 관리·갈취와 더불어 마약, 인신매매, 도박 및 고리대금, 청부살인 등 보다 죄질이 안 좋은 범죄에 적극 가담했다(문화일보, (2013.01.11일 보도).

1982년 야간통행금지해제, 1986년 아시안게임과 1988년 서울올림픽을 거치면서 소비와 향락 풍조가 만연하고, 유흥업소들이 증가하면서 범죄집단들은 조직과 자금 면에서 규모를 키울 수 있었다. 2000년대 들어서 정부기관이 강력한 단속의지를 보이고 있지만, 범죄조직들은 각종 이권개입, 합법적 사업의 가장, 사이버 범죄 등에까지 관여를 하며 수법의 다양화·지능화를 모색하고 있다.

다시 말해, 1970년대 중반부터는 급격한 산업사회의 연풍이 불고 경제규모가 팽창하면서 향락산업, 도박산업 등이 발달하여 폭력조직들이 활동할 수 있는 분야가 다양해졌다. 더욱이 1982년 야간통행금지 해제, 1986년의 아시안게임과 1988년의 서울올림픽을 거치면서 사회 전반적으로 소비향락 풍조가 만연하고 호텔, 여관, 나이트클럽, 오락실, 룸살롱, 안마시술소 등이 폭증하였고, 폭력조직은 유흥업소 갈취 · 경영, 건설업계 침투, 부동산 투기, 탈세, 청부폭력 등으로 막대한 부를 축적하여 정계 · 재계 · 관계 등의 주요 인물들과 교분을 맺는 등 각종 사회단체와 이해를 주고받는 공생관계를 형성하는 양상을 보여왔다.

이러한 사회적 배경의 영향으로 1980년대 말, 특히 1988~89년에 걸쳐 폭력조직이 광역화 · 국제화하는 새로운 현상이 나타났다. 과거 및 당시의 폭력배들이 서울을 중심으로 각 지방과 연결된 전국적 규모의 조직을 결성하고 국내폭력조직의 두목을 중심으로 새로이 결성하는 전국규모의 조직결성식에 일본의 폭력단까지 대거 참여하는 현상이 나타난 것이다.

조직의 유지 및 성장의 차원에서 이러한 폭력조직의 광역화 내지 국제화는 필수불가결한 의미를 지닌다. 우선 조직폭력의 광역화는 한 지역에 국한됨으로 인한 성장의 한계성 및 발각될 경우 일망타진이라는 위험성을 회피하려는 것이고 특히 다양한 자금원의 확보와 종국적으로 일본이나 미국의 조직처럼 법체제의 대처가 곤란하게 하고자 하는 데에 목적이 있다고 볼 수 있다(김기범, 2008: 46).

제 3 절 한국조직폭력의 변천사적 특징

1. 정치세력과 연계

한국의 조직범죄는 조직의 생존과 확장을 위하여 정치세력에 철저하게 기생하고 있다. 즉, 정치적 필요에 의해 조직되거나, 세력 확대를 위해 이러한 조직들이 스스로 정치와 결탁하는 움직임을 보여왔다(이윤근, 2000: 166). 이러한 특징은 근대 내지 현대 뿐 아니라 그 이전 조선시대에서도 찾아볼 수 있는데 불한당, 파락호, 보부상 등 경제적 또는 정치적 성격을 띤 세력을 일부 정치인들이 정권탈취나 정권유지 등을 위하여 이용한 것이 그것이다. 구체적 사례를 살펴보면 대원군은 보부상 조직을 정적인 개화파를 탄압하는데 이용하였고, 근대 이후에는 1952년 부산정치파동, 1955년 대구매일신문 난입사건, 1957년 서울 장충단공원 민주당 시국강연회 폭력사건 등이 있다.

이렇듯 조직폭력과 정치세력이 결탁을 하게 된 배경은 정치인들은 선거에서 승리하기 위하여 강력한 조직을 필요로 하고, 범죄조직은 이들과 연계하여 유사시 조직을 법체제로부터 보호하려는 이해관계가 상호부합하기 때문이라고 할 수 있다(허경미, 1999: 84).

2. 잔인화 · 흉포화 · 무장화

범행수법에 있어서도 기업형 범죄조직의 경우에는 교묘하고 은폐된 방법으로 사업확장을 꾀하고 있고, 특히 소규모 폭력조직일수록 범행이 잔혹한 경향이 있다. 폭력도구의 연혁을 살펴보면 1970년대 이전에는 쇠파이프, 자전거 체인, 각목 등의 도구가 주로 사용되었으나, 1970년대 후반 이후에는 생선회칼, 일본도, 도끼 등으로 바꾸어졌고, 범행수법도 주먹 대 주먹의 정면대결이 아니라 불시에 기습하는 방법을 자주 사용하였다. 특히 젊은 조직폭력배들은 기존세력에 도전하거나 조직 내에서의 빠른 승진을 노려 더욱 잔인함을 보인 바 있다.

그러나 범죄와의 전쟁시 대규모조직들은 수괴급과 조직원들이 대거 검거되어 와해되었고 그 결과 1990년대 이후부터는 1970~80년대에 비해 조직간 이권 다툼이 있더라도 소수인원만이 관여할 뿐 조직전체가 동원되는 암투는 크게 줄어들었다. 많은 조직원이 동원되는 전쟁은 결국 공멸하게 된다는 인식 때문이기도 하지만 수괴가 사업가로 변신했거나 조직 자체가 사업체로 위장한 현재의 기업형 조직으로서는 사업확장과 수익보전에 더 중점을 두고 있기 때문으로 생각된다. 폭력적 수법이 필요한 부문은 다른 군소조직에게 용역을 주어 관리하게 하는 추세이다.

정 · 재계인사들과의 친분을 모색하는 방법도 종전과 달리 지능적이다. 대학원 최고경영자과정을 수학하거나 이들 인사들이 많이 다니는 대형교회에 출석하여 독실한 신자임을 가장하는 경우도 있고 아예 지방선거에 입후보하기도 한다. 주먹이나 몸집보다도 두뇌를 선호하기 시작하였다고 볼 수 있다.

이와 같이 폭력조직이 합법적인 단체로 위장하거나 적어도 조직수괴가 기업가 또는 사회단체의 일원으로 활동하는 경우가 많아진 관계로 범죄조직원의 검거에는 더욱 치밀하고도 지속적인 수사가 필요하게 되었다(이인영, 2003: 550-551).

3. 광역화 · 국제화

1980년대 이후부터 조직폭력은 그 규모가 확대됨에 따라 전국적 조직으로 광역화하는 경향을 보였다. 이는 지방의 조직이 서울 및 위성도시로 진출하면서 서울과 지방조직 간의 연계, 상경한 지방조직 간의 연합, 지방조직 간의 상호제휴 등으로 나타났다(양태규, 2003: 56).

조직의 광역화는 여러 가지 영향을 미칠 것이다. 예를 들면 사업의 규모가 커지고 관여하는 영역도 광범위해질 것이며, 자금원도 다양해질 뿐 아니라 자금의 규모도 엄청나게 커질 것이다. 그 결과 두목 등 수괴급에 대한 단속은 점차 어려워질 것이다(고건호, 1997: 50).

한편 교통·정보·통신의 획기적인 발달로 경제적 이해를 바탕으로 하는 국가 간 빈번한 교류가 많아지며 '지구촌 시대'가 도래하면서 조직폭력세계에도 '국제화' 경향이 나타나게 되었다(김춘섭, 2004: 1).

범죄조직의 국제화 현상은 다음과 같은 몇 가지 유형으로 나뉜다. 첫째는 우리나라 범죄조직의 구성원이 해외에 이주하여 그곳에서 별도의 범죄조직을 구성하여 활동하는 경우이고, 둘째는 우리나라의 범죄조직원이 해외에서 새로운 활동영역을 개척하는 경우이며, 셋째는 외국범죄조직과 공생 내지 협력을 통한 연계를 시도하는 것이다.

조직범죄의 국제화와 관련하여, 일본의 야쿠자 뿐만 아니라 러시아 마피아, 중국의 삼합회, 미국의 마피아 등과의 연계도 큰 문제인데, 이러한 외국폭력조직의 유입은 밀수나 약물밀매 등에 관여할 우려가 높고 외국의 폭력문화도 함께 유입될 개연성도 매우 높다. 그렇게 함으로써 범죄수법은 더욱 잔인화 할 수도 있고 외국으로부터 조직관리 기법, 자금관리 기법 등을 전수받음으로써 조직의 대규모화를 꾀할 우려가 높다(김기범, 2008: 49-50).

4. 활동영역의 다양화 추세

조직폭력의 활동분야도 다양하게 전개되고 있다. 2000년 이후 경제이권분야의 검거비율이 꾸준히 일정비율을 유지하고 있다. 특히 기업형 범죄조직은 종전의 부동산 경매 및 재개발사업, 아파트건설 및 분양관련 비리개입

뿐만 아니라 신용카드대출, 주가조작, 신종사기, 벤처기업관련 비리, 보험범죄에까지 활동영역을 확장하고 있고 뇌물공여와 탈세도 자행하고 있다. 자금원의 유형으로는 나이트클럽·디스코텍·룸살롱·단란주점 등 유흥업소의 운영 또는 갈취, 대형포장마차의 프리미엄과 보호비 명목의 자릿세 갈취(삥뜯기), 주류유통도매업, 도박장 개설, 사설경마, 파친코 승률조작, 해결사 역할을 하는 심부름센터 운영이 있고18) 건설공사입찰, 건설자재공급(대형건물공사의 알미늄새시공급권), 매매춘, 사채업, 연예기획사업, 장기밀매, 밀입국자 수송, 러시아 · 동남아 여성 취업알선, 불법폐기물처리업, 저작물 불법복제, 포르노 유통, 쇼핑몰 등 상가분양 및 관리용역(청소, 경비, 주차), 주주총회꾼 등이 있으며 심지어 노사분규현장이나 종교분쟁현장에 개입하는 경우도 있다.

연대별 주요사업형태를 보면 1950-60년대는 정당행사에의 폭력배 동원, 60년대 말에는 주류도매업, 매춘업, 70년대에는 건설업체 입찰개입, 80년대에는 유흥업소 및 채권채무 관여, 90년대 초에는 파친코, 슬롯머신업소 운영 등이 주된 수익원이 되었고, IMF체제 이후부터는 기업인수 및 합병 관여, 부도기업인수, 경마·경륜 승부조작 이외에 특히 지하사채시장에 진출하여 원금의 수십배에 달하는 이자를 갈취하여 왔으며, 2000년대에 들어서서는 벤처기업 투자, 주가조작, 상가분양 및 관리용역 개입 등이 대표적인 활동영역이 되고 있다. 범죄조직세계에서는 유흥업, 도박업, 청부폭력, 건설업분야, 경매, 소규모 사채업은 이미 사양 산업이고, 여기에서 축적된 자금을 기반으로 최근에는 소프트웨어 개발·제품수입 등 게임업 분야까지 사업영역을 넓혀가고 있으며, 그 밖에 원석가공업, 신문판촉권 인수, 인터넷 불법쇼핑몰 판매업, 다단계 금융 피라미드사 운영 등 다양하게 사업을 전개하고 있다고 한다. 지방폭력조직들은 마약밀거래나 공급에 개입하는 경우가 많다.

조직폭력단의 수입사업 영역은 불법적인 영역과 반합법, 합법적인 영역이 혼재되어 있는데 향락산업이 번창하고 특히 사업영역이 다원화할수록 범죄조직의 주요자금원이 상존하고 은신처가 제공되므로 일체단속에도 근절되지 않고 그 명맥을 유지할 수 있게 된다. 경제흐름이 빠른 관계로 수익에 따라 세대교체도 활발히 이루어질 것이 예상되는데, 이는 기존 조직들이 '한번 투옥되면 후배에게 밀린다'는 생각에 은밀하게 사업 다각화에 주력하고 있다는 사실에서도 시사되고 있다(시사저널 2002년 8월 15일자 보도). 이와 같이 범죄조직의 활동영역이 넓어지고 은밀해져서 보다 정확한 실태분석과 대처가 필요하게 되었다(이인영, 2003: 548-549).

이렇게 다양한 업종으로 진출을 하면서 조직폭력은 합법적인 기업으로의 진출 모색을 위해 지능화·소규모 조직으로 슬림화·네트워크화가 동시에 진행되고 있다. 즉, 수사기관에의 노출을 피하기 위해 한 명의 두목이 50여 명의 부하를 이끌고 다니던 대규모체제에서 유흥주점, 성인오락실, 건설회사 등 각각의 사업체에 5~10명씩 나누어 배치하는 슬림화 경향이 뚜렷해졌다. 또한 한 가지 프로젝트가 계획되면 여러 조직들이 행동대원을 몇 명씩 차출해 파견하고 일이 끝나면 곧장 해체하는 신디케이트(syndicate)형 조직폭력의 형성도 활발하다(최응렬 외, 2006: 132).

제8장 세계 각국의 조직범죄

제8장 세계 각국의 조직범죄

제 1 절 미국의 조직범죄

1. 미국 마피아의 성장

1900년대 초 미국 사회에서 가장 영향력을 행사한 집단은 이탈리아계 미국인 마피아였다. 그러나 이들은 정치적 영향력이 부족했으며, 경찰의 강력한 단속 등으로 자금원을 위협받고 있었다. 즉, 당시 경찰은 이탈리아계 마피아 단속 전담반까지 만들어 이들을 저지하고자 하였다. 뉴올리언스, 시카고, 샌프란시스코의 매춘사업이 몇 차례 엄중한 단속을 받고 뉴욕의 노조 갈취 활동도 압력을 받자 이들은 새로운 수입원이 절실하게 필요한 상황에 처하게 되었다. 때마침 1920년 주류 판매를 금지하는 수정헌법 제18조와 볼스테드 금주법이 시행되자 불법 양조가 호황을 이루게 되고 주류 밀매 사업이 새로운 수입원으로 등장하게 되었다. 갑작스레 전국적인 규모의 거대한 불법 시장이 생겼고 근근이 명맥을 유지하고 있던 갱들은 하룻밤 사이에 생겨난 수천 개의 불법 주류 밀매점을 운영해 커다란 이익을 볼 수 있는 완벽한 위치에 서게 됐다. 이처럼 미국 갱단의 성장과 마치아의 등장을 이끈 것은 금주법이었다고 할 수 있다. 금주법은 마피아로서는 가장 적절한 시기에 출현된 제도였다. 금주법이 몇 년만 늦게 시행되었더라도 이탈리아계 시민사회의 자연스러운 발전과 성숙, 경찰의 집중적인 단속 등으로 인해 미국 내 마피아의 힘은 완전히 고갈되었을지도 모른다. 결국 금주법은 이들에게 조직범죄의 전성기와 은밀한 부의 세계로 진입하는 티켓이 되어준 것이다 (추미란 역, 2008: 56).

미국의 마피아 집단의 태동은 19세기말 20세기 초의 대대적인 이태리 이민시기로 거슬러 올라간다. 200여 만명에 이르는 대량 이민자들 사이에는 이태리 남부 시칠리아섬의 비밀결사인 마피아에 관여한 자들이 상당수 포함되어 있었다. 미국의 마피아는 24개 그룹으로 형성되어 있는데 이들은 플로리다, 일리노이, 뉴욕, 뉴저지, 루이지애나, 그리고 네바다주의 대도시를 주된 무대로 활동하고 있는 것으로 믿어지고 있다. 이 24개 집단은 각자 패밀리(family)로 알려져 있는데 구성원이 되는 자격은 출신이 이탈리아 계통이어야 한다. 각 패밀리의 규모는 작게는 약 20명의 구성원으로 결성된 것으로부터 많게는 약 1,000명의 구성원을 지닌 것까지 다양한 분포를 나타낸다고 한다(전대양 외, 2004: 105-106).

각 패밀리는 두목(boss)에 의하여 이끌어지는데 그는 부두목(underboss)과 고문(counselor, consiglieri)에 의하여 조력을 받는다. 부두목은 두목의 유고시 패밀리를 통솔하고 두목을 조직의 하부계층과 절연시키며 두목의 명령과 교시를 구성원들에게 시달한다. 고문은 두목과 부두목에 대한 상담역할을 하는데 보통 패밀리에서 나이가 많고 존경받는 구성원이 고문이 된다. 부두목 아래에는 행동대장(lieutenant, caporegime)들이 있다. 그들은 두목을 하부계층과 더욱 절연시키며, 부두목의 교시를 수행한다. 각 행동대장은 일단의 행동대원(soldier)들을 거느린다. 어떤 행동대장들에게는 모든 행동대장들에게 공통적인 보통업무 외에 특별한 역할이 주어지기도 한다. 각 행동대장은 그가 이끄는 행동대에 대하여 책임을 지며 모든 명령, 정보, 그리고 고충이 그를 통하여 상하로 전달된다. 행동대장은 보통 보조역할을 하는 한두명의 행동대원에 의하여 조력을 받는다. 그들은 보통 행동대장이 행동대내의 대원들을 지휘·통제하고 명령을 시달하는 데 조력한다. 행동대원들은 패밀리의 최하층을 구성한다. 그들은 보통 그들 자신 고유의 불법적 사업을 한다. 패밀리 내에서 그들 사이의 동업은 행동대장과 대원의 동업처럼 일상적인 일이다. 행동대원 이래에는 방대한 숫자의 제휴자(associate)와 대리인(agent)군단이 있다. 이 24개 마피아 패밀리 연합체의 최상층부에는 위원회(commission)가 있다. 이 위원회는 사법·행정·입법의 통합적 기능을 한다. 그 위원회는 보통 9~12명의 가장 세력이 강한 패밀리의 수장들로 구성된다. 다른 패밀리들의 이익은 보통 1명 이상의 위원인 두목에 의하여 대표된다. 위원회는 전통적으로 뉴욕의 5대 패밀리와 디트로이트, 시카고, 그리고 필라델피아 등지의 패밀리들이 중심이 되어 이 합의체를 운영하고 있다(전대양 외, 2004: 106).

2. 기타 조직범죄

미국은 여러 인종과 문화가 복합적으로 어우러져있는 다문화·다인종 국가로서, 조직범죄단의 대표격인 마피아 이외에도 각 인종이나 민족에 기반한 크고 작은 범죄조직이 많이 존재하며, 그 악영향 또한 상당하다. 이하에서는 흑인 범죄조직 및 히스패닉 계열의 범죄조직, 중국인과 관련된 조직범죄 등을 살펴보기로 하겠다.

1) 흑인 조직범죄집단(Black Organized Crime)

흑인 조직범죄집단의 발생은 1960년대 중반 정치적·사회적 투쟁성을 수반한 흑인의식의 태동과 그 시기를 같이 한다. 주요한 흑인 마약중개상이 표면에 나타난 시기가 바로 흑인들의 일자리 요구나 교육개혁 그리고 주거환경개선 요구 등과 함께 정치적 힘의 요구가 최고도에 달하였던 이 시기이다. 확실히 여러 가지 요소들이 결합하여 흑인들에게 합법적이든 불법적이든 간에 기회의 구조를 부여한 것이다. 흑인들의 정치적 힘이 성장함에 따라 범죄적 요소들은 빈민가 범죄현장에서의 백인의 영향력의 퇴조로 힘입어 표면화하였다. 흑인들은 그 어느 때보다도 백인 조직범죄로부터의 굴레에 대항하여 싸울 수가 있었다. 이렇게 하여 그들은 더 이상 빈민가에서 자유롭게 활동할 수 없는 백인 조직범죄집단을 상대로 독자적으로 협상하고 거래할 수 있게 된 것이다(전대양 외, 2004: 107).

2) 히스패닉 조직범죄집단(Hispanic Organized Crime)

로스앤젤레스, 샌디에이고, 마이애미, 휴스턴, 시카고, 피닉스 등 태평양과 걸프만 연안의 많은 도시들은 현재 뉴욕, 보스턴, 볼티모어 등 인종적 거대 도시들과 함께 미국의 새로운 이민의 관문이 되어 있다. 이러한 도시로의 국제적인 거대한 유입은 초기의 이민시기처럼 그 본국의 가난, 인내의 한계, 그리고 한심한 정치라는 요인들에 의하여 재촉되었다. 1980년대는 미국 내에서 히스패닉들이 정치적으로나 문화적으로 자신들의 입지를 공고히 하는 시기가 되었다. 히스패닉들의 미국에의 유입의 밀도의 다양성은 이제 우연히 발생한 중요치 아니한 문제가 아니라 그 부수적인 복잡성이 미국 형사사법 제도까지 흔들어 놓을 정도로 커다란 문제를 야기하였다(전대양 외, 2004: 108). 멕시코 조직범죄집단(Mexican Crime Organizations), 콜롬비아집단(Columbian Groups), 쿠바조직(Cubans) 등이 여기에 포함될 수 있다.

3) 중국계 범죄조직 TONGS (통즈)

대표적인 중국계 범죄조직으로 Tongs가 있다. 제2차 세계대전 이후 다수의 중국 광동성 출신들이 미국으로 이주하면서 생성되었다고 한다. 중국 역사 상의 주요한 사회운동 내지 무력행사 집단으로 삼합회의 기원이 된 조직들로는 적미(赤間, 붉은 눈썹 집단), 백련교, 천지회, 의화단 등을 꼽는다. 특히 의화단은 1899년에서 1901년까지 의화단 운동을 일으켜 중국에서 서양 세력을 몰아내고자 하였다. 이러한 조직들은 각국으로 퍼져나가서 활동을 확장·지속하였는데, 해당 서방국가의 정부들은 이들의 정치적 활동에 대해서 완전히 파악하지 못하고 있었다(추미란 역, 2008: 162). 다만, 그들이 모여서 회의하던 곳을 '통'이라고 칭하는 것을 보고 '통즈'라고 부르기 시작한 것으로 추측된다. '통'이란 회의를 하는 장소를 뜻하는 한자어 '당(堂)'의 중국어식 발음에 가깝다고 한다.

'통즈'의 지배 하에 있는 뉴욕의 차이나타운에서는 도박. 매춘. 마약이 조직적인 강요행위의 형태로 이루어지고 있으며, 다른 조직들이 경영을 침범하지 못하도록 잘 조직된 청소년 갱을 고용하고 있다(전대양 외, 2004: 112).

제 2 절 유럽의 조직범죄

1. 이탈리아의 조직범죄

이탈리아의 조직범죄는 주로 약 200년의 역사를 가지는 마피아(Mafia)에 의해 이루어지고 있으며 본거지는 주로 로마 이남에 집중되어 있다. 마피아는 '오메르타(omertá)'라고 불리는 '복종과 침묵의 규율(보스의 명령에는 절대로 복종하고 체포되었을 때는 일체 입을 열지 않는다)'을 갖고 있으며, '고세'라고 불리는 패밀리로 구성된다. 이렇듯 이탈리아의 범죄조직은 마피아로 총칭되지만 지역별로는 '코자 노스트라(Cosa Nostra)', '카모라(Camora)' 및 '누드랑게타(N'Drangheta)'라는 마피아형 범죄조직이 존재하고 있다.

코자 노스트라(Cosa Nostra)는 시칠리아 마피아를 일컫는다. 초기의 코자 노스트라는 농촌의 사실상의 지배자로서 농민의 투표를 관리하고, 정치가와 협력하는 관계를 맺었다. 이들은 정치 · 경제 · 기업 활동에도 침투하기 시작하였는데 무솔리니의 파시스트정권이 마피아를 탄압하면서 이들의 범죄가 일시적으로 감소하기도 하였으나, 제2차 대전 중 연합군에 협력한 공적을 인정받아 전후 다수의 보스가 시장 등의 공직에 취임하면서 다시 증가하였다.

카모라(Camora)는 나폴리(Napoli)를 근거지로 하는 범죄조직의 명칭으로 이들은 재판권까지도 행사하는 범죄집단이다. 이들은 1950년대 이후에 석유판매, 특히 청과물 판매시장을 지배하기 시작하여 지금은 제도화된 범죄집단으로 발전하였다. 이들의 활동범위는 범죄조직 성립 초기에는 폭행과 협박을 수단으로 주민을 공포에 떨게 하는 폭력 신디게이트로 등장하였으나 최근에는 사기와 협박 등의 수단을 사용하여 합법적 혹은 비합법적인 사업, 예컨대 담배와 마약밀수 등을 벌이는 기업 신디케이트로 활동하고 있다.

누드랑게타(N'Drangheta, 은드랑게타)는 이탈리아 반도 최남단 칼라브리아주를 근거지로 하는 범죄조직이다. 칼라브리아 지방의 방언으로 'N'Drangheta'란 '용기있고 교활한 남자'를 의미한다. 누드랑케타는 '카포 파스토네' 또는'카포 소치에타'라고 불리는 보스를 정점으로 하며, 코자 노스트라와 같은 무장집단을 시작으로 제2차 대전 후 농촌으로부터 도시로 진출하였다. 1962년 이후 칼라브리아 지방은 고속도로나 철도 등의 대형공사가 있었는데, 이들은 이러한 공공사업에 잠식해 들어가 도시로 진출함과 동시에 건설노동자를 지배하였다(도종진, 2004: 95-98).

2. 독일의 조직범죄

대륙법계 국가인 독일에서도 조직폭력범죄는 별도의 범죄유형으로 확정되지 아니하고 조직범죄라는 용어로 설명되고 있다.

조직범죄에 관한 대표적인 정의를 소개하자면 1983년 2월 21일 독일연방 내무부장관의 자문기관인 특별위원회 보고에서 '가능한 한 단기간에 막대한 이익을 얻을 목적으로 빈번히 업무를 분담하여 의식적으로 장기에 걸쳐서 위법한 행위를 반복하는 범죄'로 파악한 바 있고, 독일 법무부와 경찰공동위원회는 조직범죄를 "이득을 취하거나 영향력을 얻기 위한 특정한 계획적 범죄를 말하는데 이는 2인 이상의 구성원이 영업적 또는 기업과 유사한 구조 속에서 폭력 기타 위협적인 수단을 사용하며 행하고 경우에 따라서는 정치, 언론, 공공기관, 법무, 경제 등에 영향력을 행사하며 장기적이고 지속적으로 분업적 공동수행으로 행하는 것"이라고 판단하였다(임웅 외 5인, 2004: 19).

1990년 연방법무장관 및 내무장관이 통일적인 조직범죄 개념을 규정하였는데 이는 "이득이나 영향력 행사를 목적으로 계획된 범죄행위로서 개별적인 각 행위 또는 그 행위전체가 중요한 의미를 가지며 두 명 이상의 관여자가 장기간 또는 불특정기간 동안 역할을 분담하고 ① 기업이나 기업과 비슷한 조직을 사용하거나 ② 폭력이나 다른 위협적인 수단을 사용하고 ③ 정치 · 언론매체 · 공공행정 · 사법당국 또는 경제에 영향력을 행사하며 행하여지는 것"이라고 규정하였다(허경미, 1999: 47).

독일 조직범죄의 역사는 18세기말 내지 19세기 초부터 시작한다고 할 수 있는데, 1990년대부터 범죄조직에 의한 피해가 확대되어 사회적인 문제가 되었다. 독일의 조직범죄집단은 높은 수익을 얻기 위해서 탈세를 행하곤 한다. 세금은 물건을 거래한 노점상에 대하여만 부가될 뿐이고, 부수적 범죄로 일컬어지는 범죄를 본질적으로 야기한 자에 대해서는 배제된다. 부수적 범죄의 개념은 폭력범죄에도 그대로 타당하다. 왜냐하면 중요한 배후조종자는 특히 일차적 범죄로 표현되는 불법적인 이익축적에 대한 규제로부터 벗어나 자기의 목적을 달성할 수 있기 때문이다. 즉, 배후조종자들은 스스로 '자기의 손을 더럽히는 것'이아니라 대체될 수 있는 하부조직원으로 하여금 작업(arbeiten)하도록 한다.

독일연방범죄청이 1991년부터 1995년에 각 주 범죄청과 협조하여 조직범죄 실태를 분석하여 발표한 바에 따르면, 독일에서는 모두 787건의 조직범죄에 대한 수사절차가 계류되었는바, 그 중 472건은 1995년에 처음으로 신고된 것이며. 315건은 1994년에 이미 신고되어 계속된 것이다. 위 수사절차의 개별 범죄건수는 52,181건, 범인은 7,922명이고, 이를 범죄영역별로 분류하면 폭력범죄 2,036건(3.9%), 소유권 등 재산범죄 31,078건(59.6%), 마약범죄 2,581건(4.9%), 기타 16,486건(31.6%)이다. 조직범죄 관련 중요사건으로 신고된 520건의 수사사건 중 415건은 기업적인 또는 기업유사적인 조직을 이용했고(79.8%), 249건은 폭력 또는 다른 위협수단을 사용했으며(47.9%), 84건은 정치, 언론매체, 공공행정, 사법당국 또는 경제에 영향력을 행사(16.2%)하였다고 한다(도중진, 2004: 99-101).

독일은 비교적 소규모 또한 유동적인 범죄자의 조직화가 진행되고 있는 추세이며, 그들의 일부가 상호 긴밀한 연락을 통해 완만한 네트워크를 형성하면서 조직범죄를 감행하고 있다. 또한 이들의 조직범죄 대부분은 국제적인 결합관계를 명확히 하고 있고 국경을 초월한 활동을 강화하고 있다.

조직범죄는 주로 연방범죄수사청, 연방국경수비대 및 세관에서 대책을 마련하고 있지만 일반적인 경찰사무를 담당하는 주(州) 경찰도 많은 조직범죄를 수사하고 있다. 연방정부는 조직범죄의 수익에 대해 규모를 강화하여 범죄조직의 국제적인 통합을 저지하기 위해 중죄에 대해서는 전제범죄의 여하를 불문하고 돈세탁 행위를 처벌하는 등 대책을 실시해 오고 있다. 또한 조직범죄 대책의 국제적 연대를 강화하기 위해 리투아니아, 슬로베니아, 폴란드 등과 공동 작업에 관한 협정을 체결하고 범죄조직의 국경을 넘은 활동에 적극 대처하는 시책을 추진하고 있다(신현기 외, 2006: 288-289). 이하에서는 국제절도와 약물거래, 매춘 등에 대하여 좀 더 살펴보기로 한다.

1) 국제절도

최근 고가물에 대한 암시장에서의 수요가 크기 때문에 단발적인 절도 등으로는 그 수요에 응하기 어려워 대규모 절도조직이나 장물조직이 활동하고 있다. 프랑크푸르트시에는 모피 · 보석 · 귀금속 · 승용차나 트럭 및 기타 고급품에 대한 절도조직과 장물조직이 활동하고 있다. 이러한 절도조직이 절취한 도품은 벨기에의 브뤼셀을 경유하여 스페인의 마드리드로 보내지고 여기서 국제장물 조직에 의해 매각된다. 또한 '회화절도조직', '승용차절도조직', '화물자동차 · 경작기 자동차절도조직' 등의 활동이 두드러지고 있다.

독일에서는 벤츠 · 포르쉐 · BMW 등 고급차의 절도가 연간 약 14,000건이 이르고 있는데, 이러한 고급차는 생산대수가 한정되어 있어서 독일인들도 이를 구입하기 위해서는 약 1년 가까운 기간을 기다려야 한다. 이러한 상황에서 외국인이 고급 독일차를 구입하는 수단으로서 자동차절도조직을 이용하는 것이다. 절취된 승용차나 화물트럭 등은 오스트리아·이탈리아를 경유하여 유고슬라비아·불가리아·터기·중동지방이나 아랍제국·베이루트에 밀수된다. 그리고 이러한 승용차 장물조직의 본거지는 불가리아의 소피아·터키의 이스탄불·그리스의 아테네에 있다고 한다.

그리고 뒤스부르크(Duisburg)에서는 라인강을 이용한 항만조직범죄가 많은데, 항만노동자·운송업자 등이 절도조직을 결성하여 항만창고 내의 물품을 훔치는 창고절도 등을 조직적으로 행하고 있다. 독일에서의 절도·장물조직은 직업적인 범죄라기보다는 평소에 표면적으로는 합법적인 활동을 하는 자들이 단발적으로 범행을 하는 경우가 많기 때문에 수사당국에서는 단속에 어려움이 많다(최병민, 2009: 121 ; 양태규, 2003: 132).

2) 약물거래

범죄조직에 의한 약물거래는 서유럽 전역에 확대되고 있는데, 독일도 그 예외는 아니다. 독일에서 거래되는 헤로인의 90% 이상이 중근동(中近東)에서 생산되는 것이며, 아편의 절반 이상이 황금의 삼각지대로부터 밀수된 것이다. 네덜란드의 암스테르담은 헤로인의 최대 중계지인데, 여기서 중국인들에 의해 전 유럽에 판매되고 있다. 이러한 재외중국인들은 중국마피아를 조직하여 동남아시아에서 생산된 헤로인과 아편을 전 유럽에 판매하고 있다. 그리고 독일에는 이러한 중국 마피아 외에도 말레이시아인과 터키인들의 약물거래도 커다란 문제가 되고 있다. 터키인에 의한 약물밀수는 대부분 이스탄불로부터 직접 승용차로 운반되며, 터키인들의 약물조직은 터키국적을 가지고 독일에서 장기체제하고 있는 사람들이다(최병민, 2009: 122 ; 양태규, 2003: 133).

3) 매 춘

독일에서는 매춘 그 자체는 합법화되어 있지만, 매춘부로부터 착취하거나 그들을 관리하는 불법조직의 존재가 지적되고 있다. 특히 대도시를 중심으로 이른바 뚜장이(Zuhälter)들의 연합체가 결성되어 매춘에 의한 비합법적인 수입을 얻을 뿐 아니라 영역다툼에 의한 폭력행위나 매춘부나 손님에 대한 공갈·폭행·강간·상해·인신매매·약물 및 마약범죄 등의 범죄가 발생하고 있다. 프랑크푸르트에서는 약 200명의 남미여성을 매춘부로 팔기위한 인신매매조직이 적발되기도 하였다. 그리고 함부르크에서는 세계적으로 유명한 환락가인 레퍼반(Reeperbahnin St.Pauli)이 있는데, 여기에는 Gmbh와 Nutella라 불리는 2개의 매춘조직이 활동하고 있다. 이러한 2개의 매춘조직은 국제적인 인신매매조직과 연계하여 매춘부를 확보하고 있으며, 비합법 서비스사업에 의해 막대한 이익을 얻고 있다(양태규, 2003: 134).

3. 프랑스의 조직범죄

프랑스에는 도시외곽지역(banlieue)에 북아프리카 출신자 등으로 구성된 조직폭력범죄나 강·절도를 행하는 그룹이 존재하고 있었지만, 최근에는 파리 시내에까지 세력권을 형성하고 있다. 이들 범죄집단은 마피아 등과 달리 일시적인 집단의 형태로 이합집산하는 경우가 많다. 조직폭력 범죄그룹에서 발전한 일부의 집단은 프랑스 국내뿐만 아니라 유럽 각국에서 부녀자를 대상으로 한 인신매매에도 관여하고 있지만 이들 집단 또한 일시적인 그룹인 경우가 많다. 또한 범죄조직에 의해 문화재나 도난차량의 부정거래가 이루어지고 있으며, 이들 거래가 자금세탁에 이용되는 경우도 있다고 한다(도중진, 2004: 107-108).

특히 프랑스는 지정학적인 위치로 인해 마약의 수입과 배급경로에 있어 유럽대륙의 한 고리로 작용하는데 마약의 종류에 따라 생산, 중개, 소비 루트가 매우 복잡하고 다양하다. 대체로 대마, 헤로인, 코카인은 프랑스 내부 시장을 겨냥해 직접 또는 제국을 경유해 수입된 후 일부는 국내에서 소비되고 일부는 재수출되는 경우가 많다. 약품 형태의 신종 마약류는 인근 유럽 국가 등으로 수출되는 경유지로 활용된다고 한다. '마약 현상의 보편화(universalisation du phénomène drogue)'는 프랑스 역시 예외가 아니어서 주로 파리, 마르세이유 등 대도시 주변의 외곽지역을 중심으로 마약이 급속히 확산되고 있으며, 콜럼비아의 카르텔, 이탈리아 마피아 등 매우 체계적이고 국제화된 조직에 의해 이루어지는 마약밀매가 위 도시 외곽지역의 잘 조직된 청소년 범죄조직과 연계되어 전파됨으로써 그 심각성을 더 해가고 있다. 그 동안 마약밀매에 있어 주도적인 위치를 차지하고 있던 이탈리아 마피아는 유고내전과 발칸국가들이 문호를 개방한 이후 그 역할이 점차 축소되었고 그 자리를 러시아 마피아와 구 유고연방국가 마피아 및 루마니아, 불가리아와 연계한 터키 마피아가 대신하였다. 특히, 발칸반도와 발트해 일대는 러시아 마피아가 공고한 위치를 구축하여 독일, 벨기에, 오스트리아, 체코, 폴란드 일대의 마약밀매를 주도하면서 KGB 조직과의 밀접한 연계를 통해 체계적인 정보를 제공받는 등 고도로 전문화·조직화되어 심각한 위협이 되고 있다고 한다(도중진, 2004: 108-109).

프랑스에서는 도심 교외에 북아프리카 등지 출신자들로 구성된 폭력범죄나 강·절도를 행하는 그룹(gang)이 존재하고 있는 것과 더불어 최근에는 파리 시내에서도 세력을 확대하고 있는 추세로 이들 그룹은 유괴, 강·절도, 공갈 등에 많이 관여하고 있는 것으로 알려지고 있다. 또한 이들에 의해 문화재나 도난차량의 부정거래가 이루어지고 있으며, 국경을 초월해 약물의 수출입되는 경우도 다반사인 것으로 나타났다.

조직범죄에 대해 여러 형태의 조직범죄를 담당하는 국가경찰의 형사사법경찰국의 단속이외에 7개의 센트럴 오피스가 국내 관계기관의 연대수사도 실시하고 있으며, 전문지식이 필요한 수사나 전문가를 육성하고 있는 것과 함께 정보의 일원화나 범죄방지를 위한 시책을 추진하고 있다(신현기 외, 2006: 288).

4. 영국의 조직범죄

영국에서의 조직범죄로서는 부정한 약물과 총기거래, 밀수, 사기, 돈세탁, 아동 포르노를 들 수 있다. 특히 영국의 조직범죄는 그 활동범위가 암흑사회에 한정되지 않고 외관적으로는 범죄를 숨기는 합법적인 비즈니스 활동을 형태를 취하고 있는 것으로 알려지고 있다.

영국에서는 조직범죄에 관한 정보수집과 분석에 주력하고 1992년에 NCIS(National Drugs Intelligence Units)를 설치했다. NCIS는 당시 내무성에 설치되었지만 현재는 특정성청(特定省廳)에 소속되어 있다. NCIS는 중대범죄나 조직범죄가 영국에 가져오는 위협을 평가하고, 그 결과를 활용하여 관계기관과 함께 범죄의 단속이나 방지를 우선적으로 행하는 분야를 결정하는 역할을 담당하고 있다(신현기 외, 2006: 287-288).

제 3 절 중국의 조직범죄

1. 중국의 범죄조직 개념

중국 형법 제294조에는 흑사회성질범죄조직에 대한 구체적 법적용의 구성요건이 정의되어 있다. 여기서 규정된 범죄조직은 '흑사회성질범죄조직'이지 '흑사회범죄조직'은 아니다. 흑사회성질범죄조직이라는 의미는 범죄조직의 성향을 지녔으나 아직 확고한 범죄조직으로는 나아가지 못한 조직형태상 과도기적 표현으로 풀이되고 있다. 이러한 규정은 표현방식에서 예견성(豫見性)을 결여한 것으로 보인다. 왜냐하면 중국 대륙에는 이미 흑사회성질범죄조직이 출현하였고 마피아나 삼합회 같은 대규모의 흑사회범죄조직이 계속 출현하고 있기 때문이다. 흑사회성질범죄조직이 흑사회범죄조직과 구별이 있다고 하나 이것은 결국 양적 발전수준과 외형적 성숙정도의 차이 뿐이다. 즉 흑사회성질범죄조직과 흑사회범죄조직의 차이는 조직의 형성(조직원의 수 및 세력 확보), 경제적 영역의 침투(업종, 구역 등 영역 확보), 보호우산 확보(비호세력, 즉 당 · 정 · 사법기관 관계자 매수) 등 양적인 측면과 외형적인 차원에서만 구별할 수 있다. 이와 같이 중국에서는 고급단계인 흑사회범죄조직과 과도기적 성질인 흑사회성질범죄조직을 구분하고 있다는 점이 특징이다. 중국에서 흑사회성질범죄조직은 그 활동내용 · 방식 · 조직형태 등에서 흑사회범죄조직 차원의 완벽한 조직을 갖추지 못하였으나, 그러한 범죄조직과 유사한 범죄집단을 말하며, 아직까지는 완전한 조직체를 형성하지 않은 범죄조직으로서의 과도기적 단계에 있는 범죄조직을 일컫는다.

그러나 흑사회성질범죄조직과 흑사회범죄조직은 조직의 형성(조직원의 수 및 세력 확보), 경제적 영역의 침투(업종, 구역 등 영역 확보), 보호우산 확보(비호세력, 즉 당 · 정 · 사법기관 관계자 매수) 등 양적인 측면과 외형적인 차원에서만 구별할 수 있을 뿐만 아니라, 중국 형법에서도 자국 내 범죄조직과 국외 범죄조직에 대한 처벌규정도 달리하는 등 구체적인 관련법 조항의 모호함과 법적용의 어려움이 있어 다소 후진적인 범죄조직의 개념이라 할 수 있다(신상철, 2012: 237-238).

2. 삼합회

중국 사람들은 태어나면서부터 위계적으로 조직화된 사회구조 속에서 성장하면서 그 안에 속한 사람들을 자유로운 개체로서가 아니라 그 조직의 서열과 함께 기초한 상호적 의무를 가지고 있는 사회관계망의 일부로 보았다. 그리고 이러한 인간적 관계를 통해 구축된 사회질서가 법보다 더 우선시되어왔다(이순래 외, 2011: 394). 이러한 바탕에서 가장 위협적이고 조직화된 중국의 범죄조직인 삼합회(트라이어드, Triads)도 탄생한 것으로 생각해볼 수 있다.

삼합회는 홍콩·방콕·싱가포르 등을 근거지로 하여 미국·캐나다·서부유럽뿐만 아니라 중동에까지 그 세력을 뻗쳐왔다(송태종, 2008: 84). 중국계 삼합회는 중국, 홍콩, 대만을 중심으로 50여개 조직 20~30만 명이 활동 중이며 홍콩반환(1997년) 이후에는 미국, 캐나다, 호주, 벨기에, 네덜란드, 체코, 미얀마 등을 중심으로 활동하고 있다. 중국 삼합회는 미주 및 유럽지역 30여 개 국가에서 현지 화교 범죄조직과 연계, 마약밀매, 밀수, 이민, 밀항알선, 여권 위·변조 등 각종 범죄를 자행하고 있는 바, 우리나라를 미주지역에서 유통되고 있는 헤로인 중간경유지, 메스암페타민 판매의 소비자로 이용하면서 국내거주 화교마약 조직과 연계, 마약류 밀반입을 기도하고 있으며 최근에는 한·중 교류 및 교역증대에 편승, 황금의 삼각지대에서 생산한 메스암페타민 등의 국내 밀반입을 기도하고 있다.

삼합회는 주로 마약과 총기밀매, 청부폭력 등의 활동을 자행하여 왔으며 최근에는 활동영역을 중국인 불법이민(Human Smuggling), 차량 밀수(Vehicle Smuggling), 자금세탁(Money Laundring), 수익성이 좋은 CD및 신용카드 위조 사업에까지 참여하고 있을 뿐만 아니라 헤로인이나 메스암페타민 같은 마약을 미국. 일본으로 밀반입 하는 중간 루트로 우리나라를 이용하거나, 국내 범죄조직과 연결하여 메스암페타민 등 마약류를 국내시장에 공급하고 있다(신의기, 2004: 70-71).

3. 흑사회범죄조직과 흑사회성질범죄조직의 구분

1949년 중화인민공화국 성립 이후 범죄조직으로서 '흑사회(黑社會)'라는 표현이 처음으로 중국 대륙에 등장한 것은 1989년 10월 15일 광둥성(广东省) 선전시(深圳市) 인민정부가 발표한 "흑사회와 흑사회성질(性质)을 갖춘 방주(幇主)조직 척결에 관한 통고(通告)"이었던 것으로 보인다. 이 통고 중에서 특히 "국가를 보호하고, 집체와 인민의 생명 · 재산을 보호하며, 사회치안 질서를 유지하고, 흑사회조직과 흑사회성질조직 및 위법한 범죄 활동에 대하여 이를 척결하기 위한"이라는 대목에서 흑사회성질범죄조직이라는 용어가 처음으로 사용되었다.

같은 시기에 선전시 공안국, 선전시 인민검찰원, 선전시 중급인민법원, 선전시 사법국 등이 발표한 "흑사회조직원 또는 흑사회성질을 갖춘 위법 범죄집단에 대한 약간의 정책적 실행"에서 흑사회범죄조직과 흑사회성질범죄조직의 개념이 정의되었다. 이에 따르면 '흑사회범죄조직'은 "인민민주전제정치에 심각한 위협을 초래하고, 공공안전을 위협하며, 사회치안질서와 사회관리질서를 파괴하는 범죄조직으로, 독립적으로 확정된 명칭과 비교적 엄밀한 조직을 갖추고, 확정된 활동장소 · 구역 · 업종을 확보하고 있으며, 봉건적 방회(幇會)의 색채가 짙은 반동성을 겸비한 건달성 범죄조직"이라고 규정하였다. 그리고 '흑사회성질범죄조직'은 "그 활동내용 · 방식 · 조직형태 등에서 흑사회범죄조직과 같이 완벽한 조직을 갖추지는 못하였으나 흑사회범죄조직과 유사한 위법적인 범죄집단으로서, 아직까지는 완전한 조직체를 형성하지 않은 범죄조직으로서의 과도기적 단계"라고 하였다. 이와 같이 국외 및 홍콩 · 마카오 · 대만 지역에서 넘어온 범죄조직, 특히 마피아나 삼합회 등은 흑사회범죄조직이다. 현재 홍콩에는 약 50여개의 흑사회(삼합회)조직이 활동하고 있는 것으로 보고 있다. 홍콩의 대표적인 흑사회(삼합회)조직은 신의안(新義安)범죄조직과 14K가 있다. 이 조직들은 홍콩을 거점으로 미국과 캐나다, 중남미 같은 미주 지역에서 활동하며 큰 영향력을 행사한다. 이 외에 대만을 중심으로 동남아시아 일대에서 활동 중인 죽련방(竹聯幇), 사해방(四海幇), 송련방(松聯幇), 천도맹(天道盟) 등의 흑사회범죄조직이 있다(신상철, 2012: 213-216).

4. 흑사회성질범죄조직 발전경로

흑사회범죄조직과 흑사회성질범죄조직의 개념을 구분하고는 있지만, 사실 양자는 상호 밀접한 관계에 놓여 있다. 흑사회범죄조직과 흑사회성질범죄조직이 중국대륙에서 범죄조직으로 서로 다른 명칭이 사용되는 것은 범죄조직 성장과정에 대한 인식과 관련이 있다. 중국의 공안과 검찰 등 여러 사법기관들이 중시하고 있는 흑사회성질범죄조직은 흑사회범죄조직의 전(前)단계로서, 중국 정부는 흑사회범죄조직의 성장경로가 "일반범죄집단(단화) → 흑사회성질범죄조직 → 흑사회범죄조직 → 국제범죄조직"으로 발전한다고 본다. 중국 정부에서도 오늘날의 범죄조직을 흑사회성질범죄조직이라고 칭하고 있는데, 이것은 흑사회범죄조직보다 낮은 수준 단계의 범죄조직을 일컫는다(신상철, 2012: 216-217).

제 4 절 일본의 조직범죄

1. 일본의 범죄조직 개념

일본은 1991년 5월 15일 법률 제77호로 '폭력단원에 의한 부당행위의 방지 등에 관한 법률(폭력단대책법)'을 제정한 이후 2011년 6월 24일 법률 제74호에 이르기까지 많은 개정을 통해 완벽한 조직범죄에 대한 규제를 시행하고 있다. 폭력단대책법(暴力團対策法) 제2조 제1항 제2호의 규정에 폭력단을 '그 단체의 구성원이 집단적 또는 상습적으로 폭력적인 불법 행위 등을 하거나 조장할 우려가 있는 단체'라 정의하고 있다.

이에 따라 일본 정부는 각 도도부현공안위원회(都道府県公安委員会)에서 지정폭력단으로 규정한 전국의 22개의 폭력단과, 아직까지는 지정폭력단 수준의 조직원과 세력범위(일명 나와바리)를 가지지는 못했으나 그 조직원 수나 일정한 영역을 차지하여 활동하고 있는 33개의 일반 폭력단 등을 비지정폭력단으로 하여 폭력단 연합으로 규정하고 있으며, 각 도도부현 공안 위원회는 엄격한 수속 요건에 따라 지정폭력단에 해당하는 경우 변명의 기회를 주기 위해 '청문절차'를 거쳐 지정요건을 갖추고 있는 지 '확인'을 요구하는 등 해당 폭력단이 법이 정하는 실체적 요건을 갖추고 있는지 아닌지를 재차 판단한다.

일본의 폭력단대책법은 폭력단의 정의와 개념을 정확히 설명함과 동시에 폭력단조직에서 행하는 범죄유형과 이들을 효과적으로 제어 할 수 있는 구체적인 법률 조항을 명문화하였고, 폭력단원 이었던 자가 폭력단을 탈퇴하여 새로운 인생을 원할 시 법적인 지원도 규정하였으며, 이 법률의 효과적인 작용의 일환으로 전국적인 폭력단 추방운동을 전개하는 등 폭력단에 의한 피해를 국가나 지방 공공 단체에서 해결하는 이외에 민간차원에서도 사회적 여건을 조성하여 폭력단에 의한 피해를 회복할 수 있는 규정을 두고 있다(신상철, 2012: 239-240).

2. 야쿠자

1603년 도쿠가와 이에야스가 쇼군이 되고 일본을 통일하자 많은 사무라이들이 군주를 잃게 되면서 싸울 일이 없어졌다. 이런 주인 없는 무사들은 로닌(랑인, 浪人)이라고 알려졌다. 이들 중 일부는 무법자 집단을 만들어 농경사회와 작은 마을을 약탈했다. 난폭한 행동과 지나치게 큰 검과 과장된 의복으로 이 집단은 가부키모노(미쳐 날뛰는 것들)라는 이름을 얻었다. 이 미쳐 날뛰는 것들로부터 보호받기 위해 농부들과 마을 주민들은 마치요코(마을의 하인) 또는 오토코다테(평민 기사)라는 갱단을 만들었다. 오늘날의 많은 야쿠자들은 자신들을 로닌이나 오토코다테 같은 뛰어난 조상들의 후예라고 여기며, 이들이 결국 바쿠토(도박단)나 데키야(마약상)에 들어가 그곳에서 갱단을 만들었고 그것이 야쿠자가 됐다고 주장한다(추미란 역, 2008: 126).

일본 봉건사회는 비교적 늦게까지 지속됐다. 1869년 급격한 산업화를 이끌었던 메이지 유신 때까지 일본은 봉건사회였다. 그 후 야쿠자는 재빨리 매춘, 도박, 갈취, 고리대금업을 장악하고 건설업과 노조를 통제하기 시작했다. 현대야쿠자의 도약은 제2차 세계대전 후 미군이 일본에 주둔하던 기간에 이루어졌다. 옛 사회질서의 붕괴에 미군들의 수요가 더해지면서 야쿠자의 감독 아래 있던 환락가가 호황을 이루게 됐다. 엄격한 배급제도로 인해 형성된 거대한 암시장 역시 야쿠자가 통제했다. 미국이 공산주의에 대한 방어벽 삼아 임명한 우익 정치인들과 함께 야쿠자 경기는 더욱 활기를 띠었고 야쿠자의 오랜 정치권 친구들도 권좌에 올랐다. 이러한 요소들로 인해 야쿠자는 세계에서 가장 큰 범죄조직으로 성장하기 위한 완벽한 출발점에 서게 되었다(추미란 역, 2008: 127-128).

야쿠자의 구조는 가족 구조와 유사하고 주로 아버지와 아들 그리고 스승과 제자 관계가 발전하여 야쿠자 계급이 된다. 야쿠자 두목은 문자 그대로 '아버지의 역할'을 의미하는 오야분(오야붕)이라 불리고 그 아래 조직원들은 '자식의 역할'을 의미하는 '고분'이 된다. 오야분은 구미초(가장)라고 불리기도 한다. 후보 야쿠자는 아즈카리닌(보증인)에 의해 오야분에게 소개된다. 오야분에 대한 복종은 철칙이다. 고분은 자신의 두목을 위해 감옥에 갈수도 있고 오야분을 위해 항상 뎃포다마(총알)가 될 준비가 되어 있다. 의무를 다하지 못하거나 조직에 수치인 행위를 했을 경우 공식 사과와 고행이라는 대가를 치러야 한다. 보통 유비쓰메 즉 손가락의 일부를 자른 후 그것을 오야분에게 바치는 의식이 행해진다. 처음 위반일 경우 보통 새끼손가락의 끝마디만 잘려 나가지만 또 위반할 경우에는 다른 손가락의 마디들도 잘릴 수 있다(추미란 역, 2008: 127-128).

야쿠자는 몸에 문신을 하는 전통이 있다고 한다. 이러한 전통이 어떻게 현대 야쿠자 관례의 하나로 보존됐는지는 확실하지 않다. 아마도 가부키모노와 로닌들에게서 그 기원을 찾을 수 있을 것이다. 이 도적들과 무사들이 화려한 문신 디자인을 과시했던 것은 잘 알려져 있다. 이들의 관습이 에도 시대(1603~1867년) 야쿠자를 통해 전해졌다고 할 수 있는데, 그들은 문신으로 장식한 이들을 많이 볼 수 있던 환락가와 공생관계에 있었다. 야쿠자가 선호했던 문신은 등 전면 문신이나 전신 문신이었다. 전신 문신의 경우 주로 팔, 등 ,허벅지, 가슴에 문신을 새기고 몸통 아래 부분은 건드리지 않았다. 거의 모든 야쿠자가 어떤 형태로든 문신을 갖고 있지만 많은 젊은 야쿠자들, 특히 해외에서 활동하는 야쿠자의 경우 온몸을 덮는 넓은 문신은 경계하는 눈치라고 한다(추미란 역, 2008: 132−133).

3. 폭력단

1992년 3월 1일 시행한 '폭력 단원에 의한 부당한 행위 방지 등에 관한 법률(暴力團対策法)' 제2조 제1항 제2호의 규정에 폭력단을 '그 단체의 구성원이 집단적 또는 상습적으로 폭력적인 불법 행위 등을 하거나 조장할 우려가 있는 단체'라 정의하고 있다. 즉 폭력단은 '시민의 일상생활을 위협하는 반사회적 집단이며, 그 행동과 생태가 단체 또는 다중(multitude)의 위력을 배경으로 집단적 또는 상습적으로 폭력적인 불법행위를 수행하거나 할 우려가 있고, 또한 그것을 통해 생활 자금 획득을 수단으로 하는 조직적인 단체'를 말한다.

이와 같이 폭력단이란 조직된 구성원들이 폭력, 협박, 강요, 강도, 사기등 부당한 불법 행위로 타인의 재산을 빼앗거나 금전적 이익을 취하여 폭력단 조직의 목적을 달성하기 위해 일본을 중심으로 활동하는 반사회적인 범죄를 조장 하는 집단으로, 각 지방 공안위원회에서 폭력단으로 지정한 단체를 말한다. 폭력단의 조직원은 '회원, 구성원, 폭력단원'으로 불리며 'YAKUZA(야쿠자)'로 통칭되기도 하는데, 사이비 우익 정치단체나 합법적인 기업(企業舎弟)등을 조직의 아래에 두고 있다. '폭력단'이란 명칭이 사용된 것은 1991년 '폭력단대책법'이 제정되어 시행된 이후 경찰이나 언론에서 공안 위원회가 지정한 광역폭력단을 특정하여 지칭한 이후 법적인 의미를 지닌 명칭으로 통용되었다. 그러나 반사회성을 가진 범죄조직이라 할지라도 폭력단으로 지정되지 않는 이상 폭력단대책법으로 단속할 수 없기 때문에 최근에는 광역폭력단에 소속하지 않고 소수의 조직원으로 집단을 형성하여 유지하는 경향이 있다(신상철, 2012: 223-224).

일본 범죄조직의 대표적인 집단으로 알려지고 있는 '폭력단'이란 '그 단체의구성원이 집단적으로 또는 상습적으로 폭력적 불법행위를 행할 것을 조장

할 우려가 있는 단체'를 말한다. 그 특징은 오야붕(親分)을 정점으로 하고 봉건적 가부장제를 기틀로 하여 의제적 혈연관계로 구성되며 침묵과 복종의 규율에 의한 상명하복의 관계를 기초로 하는 조직이라는 점에서 찾을 수 있다.

일본의 폭력단은 불법도박단체와 행상단체가 사회적인 변화에 적응하는 과정에서 범죄조직으로 발전하였다. 발생 초기에는 단순한 소규모 이익집단이었던 그들이 일정한 지역을 장악하고 범죄를 행하면서 소규모 범죄집단의 성격을 보였다. 그러던 중 사회가 변화하였고 이러한 사회의 변화에 자신들만의 폐쇄구조 속에서 새로운 형태로 적응하면서 거대한 범죄조직으로 발전하게 된 것이다(도중진, 2004: 118).

이러한 현재 일본 폭력단의 특색으로는 ① 위장화(마피아화), ② 경제화(비지니스화), ③ 국제화를 들 수 있다. 또한 자금원의 고액화와 동시에 폭력단 내의 빈부차가 격심해짐에 따라 폭력단원에 의한 강도나 절도 사건이 빈번히 발생하고 있는 점도 최근의 특징이다(도중진, 2004: 120).

일본 폭력단의 자금원은 풍속사업, 유흥업, 금융업, 토목건축업 등 합법적 사업에서 얻는 것도 있지만 주요한 것은 마약밀매, 공갈, 도박 등 비합법적인 것에 의하여 얻고 있기도 하다. 특히 마약에 있어서 큰 이익을 얻고 있으며 밀수와 밀매를 하는 조직이 적지 않다. 더누가 최근에는 폭력단의 위력을 배경으로 한 금전소비대차, 가옥임대차, 교통사고 등 금전이 있는 곳에 민사개입 폭력사범이 증가하고 있다(이상현 외, 2012: 294).

제 5 절 기타 국가의 조직범죄

1. 동남아의 조직범죄

최근 미얀마와 연합군, 태국 마약조직 등 동남아 마약조직들은 최근 아시아 금융위기에 편승 마약밀매 활동을 강화하고 있으며 특히 미얀마의 쿤사의 잔존세력들은 1996년 1월 쿤사의 항복에도 불구하고 3,000~4,000여명의 세력이 마약의 불법거래를 계속하고 있다. 한편 동남아 마약조직은주변국 범죄조직과 연계, 국내침투를 적극 기도하고 있다. 현지 진출 내국인 국내폭력. 마약조직 등과 연계, 황금의 삼각지대에서 생산되는 헤로인, 메스암페타민을 국내에 밀반입하고 있으며 최근에는 메스암페타민보다 저렴하고 환각효과가 뛰어난 '엑시터시(MDMA)', '야바(YABA)' 등의 밀반입을 적극 기도하고 있다. 1996년 12월 태국마약조직 동남아산 헤로인 50-60kg을 국내 밀반입, 미국 밀수출 기도한 적이 있으며, 1999년 2월 국내폭력조직 조직원이 베트남계 범죄조직 등과 연계 마약밀수를 기도한 적이 있고, 1999년 4월 동남아 마약조직 국내 불법체류 외국인을 이용하여 메스암페타민 밀반입을 기도한 사례가 있는 등 끊임없이 연계를 시도하고 있다. 아시아는 중남미지역과 더불어 다른 지역에 비해 초국가적 범죄가 크게 성행하고 있는 곳으로, 느슨한 정부 통제, 부패한 관료 조직 등으로 인해 주요한 요인으로 평가되고 있다. 이러한 추세는 향후에도 이 지역의 경제 발전에 따른 범죄 수익성 증대와 맞물려 더욱 가속화될 전망이며, 더욱이 다양한 경제발전 수준의 국가가 공존함에 따라 일종의 국가 간 분업 현상이 발생(일본의 야쿠자 또는 중국계 Triad 조직의 자금과 유통망을 활용한 동남아 재배 마약 거래 등)하는 등 그 심각성이 더해 가는 형편이다(신의기, 2004: 74).

2. 중남미의 조직범죄

최근 중남미는 메데인, 칼라카르텔 등 거대 마약 카르텔이 와해되면서 군소 마약조직들이 기동성과 현대화된 장비로 국제화되어 활동하고 있고 게릴라들도 점차 마약사업에 개입하고 있다. 또한 러시아 마피아 및 멕시코 마약조직이 힘의 공백을 메우면서 중남미 지역에서 마약사업을 본격적으로 추진하고 있다. 특히 중남미 마약조직들은 북미, 유럽지역으로의 판매망 확대는 한계가 있다고 판단하고 중국삼합회, 러시아마피아, 일본 야쿠자 등 국제범죄조직과 연계하여 한국, 일본 등 아시아 지역으로의 판로개척을 적극 기도하고 있다(신의기, 2005: 140). 실례로 1997년 12월 비닐로 포장한 헤로인을 삼키고 멕시코에서 LA를 거쳐 우리나라를 경유, 미국으로 입국하다 적발된 일이 발생하는 등 남미에서 한국을 경유하여 미국으로 여행하는 중남미인에 의한 헤로인 밀수사건이 빈발하고 있다(국가정보원, 1999: 43).

제9장 조직범죄에 대한 대응

제9장 조직범죄에 대한 대응

제 1 절 사전적 대응 방안

1. 유흥적 · 사행적 사업에 대한 단속 · 감독 강화

조직범죄는 유흥업이나 사행적인 사업의 주변에서 성장하게 되므로 관련 정보수집이나 유관기관 간의 협조 강화 등을 통해 이러한 유흥적 · 사행적 사업에 대한 관리감독을 강화해야 한다. 전국적으로 폭력조직원이 운영하는 업소는 주로 안마시술소 · 나이트클럽 · 룸살롱 · 단란주점 · 노래주점 등으로서 본인이 직접 운영하거나 배우자, 친 · 인척 등의 명의로 운영하기도 한다. 이들 폭력조직이 운영하는 업소들에 대한 철저한 파악 · 관리 · 단속이 이루어져야 하며, 불법적이고 위법적인 사항이 발견되면 즉시 단속을 하여 형사처분을 받도록 함과 동시에 영업정지나 허가취소 등의 행정적인 조치도 반드시 병행하여야 할 것이다.

이들 유흥업소는 폭력조직의 서식처이며, 조직의 세를 키우는데 필요한 자금공급처의 역할을 하기 때문에 이들 업소의 파악과 종사자의 구성 및 운영실태는 폭력조직의 관리에 중요한 자료가 된다. 따라서 폭력조직 관련 업소들에 대해서는 지속적인 단속에 의하여 조직의 역량을 약화 내지 분쇄시켜야 한다(양태규, 2003: 226).

2. 자금원 차단

범죄자들이 범죄를 행하는 주된 동기 중 하나는 불법적인 수단인 범죄행위를 통하여 경제적인 이익을 취득하는 데에 있다. 그 가운데서도 조직범죄자들은 마약을 비롯한 약물이나 음란물, 무기 등 금제품을 제조·판매하거나, 인신매매, 불법도박 등을 통하여 막대한 이익을 취득한다. 이처럼 범죄조직 또는 조직적인 범죄단체의 주된 목적이 부의 창출 내지는 순익의 추구에 있으며 실제로도 그러한 범죄단체들은 다양한 불법행위를 통하여 막대한 규모의 수익을 취득하고 있는 것으로 알려지고 있다(탁희성 외, 2004: 45). 이렇게 해서 얻은 자금이 결국 조직의 생존과 확장을 가져오는 가장 기본적인 토대가 되는 것이다. 그러므로 조직을 운영할 자금원을 봉쇄·차단한다면 조직범죄는 자연히 소멸될 수 있을 것이다. 조직범죄의 주요 자금원인 마약류 생산·유통, 도박장 운영, 각종 불법적 이권개입 등을 철저히 차단한다면 조직범죄를 감소시킬 수 있을 것이다.

3. 국제적 연계의 차단

최근 조직범죄는 국제적으로 연계를 하며 상호 성장하는 특징을 보이고 있다. 특히 마약류, 통화위조, 밀수·밀매 등에 조직범죄가 관련되어 있는 경우가 많으므로 국제적 연계를 차단한다면 조직범죄를 감소시킬 수 있을 것이다. 범죄방지 분야는 국제사회의 변화와 함께 국가의 개별적인 노력과 함께 국제사회의 공동보조의 필요성이 높아지고 있으며, 국제사회를 무대로 활동하는 국제조직범죄에 대하여는 모든 국가의 공동보조만이 이를 억제할 수 있는 힘이 될 것이다. 따라서 범죄문제에 대한 국제연합의 역할은 더욱 중요하게 부각되고 있으며, 국제연합의 각종 조치들을 국내적으로 수용할 필요 역시 커지고 있다(신의기, 2004: 189).

4. 비호세력 연계 차단

조직범죄 집단이 추구하는 막대한 이익은 일반인 입장에서도 큰 유혹이 될 수 있다. 직접 범죄에 가담할 수는 없지만, 주변에서 그러한 범죄의 기반을 묵인하거나 활동을 방조하는 등 여러 방법으로 범죄단체가 활동하고 이익을 취득하는 것을 도울 수 있는 세력이 있다. 이른바 범죄조직의 비호세력이다. 매수되거나 협박당한 형사사법기관 내지 세무기관 관계자 등 공무원, 이익을 제공받는 기업인이나 정치인, 공생관계에 있는 지역사회 유력인사들, 조직범죄단이 그들의 주요 고객이 되는 회계·세무법인 등이 조직범죄단체나 그 구성원들의 비호 세력이다. 이들은 범죄조직과의 공생적 관계를 통해 편의를 제공하고 이익을 분배받는다.

공직 내부적 감시·제보체제를 강화하고, 징계·처벌의 수위를 높이는 한편, 각종 공직윤리교육 등을 현실화하여 이렇듯 범죄조직이 비호세력과 연계하려는 시도를 사전 차단하는 것이 주요할 것이다.

5. 국민적 풍토 개선

조직폭력범죄는 감각적 물질주의의 만연으로 형성된 향락·퇴폐의 불건전한 사회풍조가 빚어낸 범죄현상으로 조직폭력범죄를 근절하기 위해서는 이러한 물질추구풍조와 그 결과 확산된 향락·퇴폐풍조를 일소하는 것이 급선무이다(양태규, 2003: 481).

범죄조직이 제공하는 불법적인 재화·용역에 대한 수요가 존재하니, 불법적인 공급도 존재하고, 공급을 위한 불법 세력도 존속을 할 수 있는 것이다. 사회의 건전성을 높이고 투명성을 제고하여 조직범죄가 서식할 수 없는 풍토를 조성하는 것이 중요하다.

6. 청소년의 범죄조직 유입 예방

가장 궁극적으로 조직범죄를 감소시킬 방법은 범죄조직의 구성원이 될 사람을 만들지 않는 것이다. 이를 위해 청소년에 대한 낙인을 제거하고 학교·사회교육을 통해 건전한 사회의 일원으로 성장하도록 도와야 할 것이다. 질풍노도의 시기라고 불리는 사춘기와 청소년 시기는 가치관이 완전히 정립되지 않고, 정체성의 혼란을 겪는 시기이므로, 자칫 어리석은 판단과 유혹, 강압, 주변인과 사회 일반에 대한 반항심 등으로 인해 잘못된 선택을 하게 될 수 있다. 현장 교사와 가족, 교육당국 차원의 상시적이고 적극적인 노력이 이들을 범죄조직 유입으로부터 막을 수 있을 것이다.

TV, 영화 등 매스미디어의 영향도 큰 것으로 보인다. 범죄조직이나 조직폭력배들이 미화되거나 긍정적으로 묘사되는 매체들에 대한 제재 수준을 높이고, 가정·학교에서의 시청지도를 강화하여 간접·모방학습을 통한 청소년들의 폭력성 학습을 예방하려는 노력이 증진되어야 할 것이다.

제 2 절 사후적 대응 방안

조직폭력범죄는 집단의 위력을 배경으로 폭력을 행사함으로써 일반 개인은 말할 것도 없고, 종국에는 국가체제에까지도 도전하는 범죄이다(양태규, 2003: 369). 우리나라의 경우 남북 분단 상황으로 사회적 불안을 야기할 수 있는 범죄에 대해서는 정부가 초기에 적극적으로 대응하고 있을 뿐 아니라 특히 조직폭력범죄의 경우 그들의 활동 장소의 협소성으로 인해 수사기관이 범법행위를 조기 포착하여 강력한 단속을 펼침으로써 미국, 중국, 일본과 같은 대규모 마피아 형태로 성장하여 국가 체제까지 위협할 정도로 발전되지는 않았다. 그러나 조직폭력은 끈질긴 생명력으로 단속이 뜸해지면 더욱 큰 세력을 형성하고 새로운 면역력을 갖고서 더욱 왕성한 활동을 계속하고 있는 것이다.

이렇게 끈질긴 조직폭력의 세력을 위축시키고 근절하기 위해서는 서식 환경을 정비하고 국민들의 폭력 예찬 문화나 청소년의 조직폭력에 대한 동경심을 억제하여 제반 사회 분위기를 조성하는 것도 중요하나 가장 중요한 것은 조직폭력에 대한 수사기관의 지속적인 관심과 관리 및 발호 조짐이 보이는 조직에 대한 강력한 검거활동이라고 할 수 있다(김기범, 2008: 71).

1. 수사역량 강화

조직범죄를 척결하기 위하여 수사기관의 수사 역량을 강화하는 것이 반드시 필요한 일이 될 것이다. 그러나 많은 이유로 인해 조직범죄에 대한 수사는 사실 대단히 어려운 과정에 해당된다고 할 수 있다.

우선, 관련자의 진술을 확보하는 것이 어렵다(이윤호, 2008: 295). 이는 피해자와 가해자 양측에 모두 해당된다고 할 수 있다. 일반 범죄의 경우 가해자가 처벌 받으면 피해자는 안도하게 되는 경우가 일반적이나, 조직범죄의 경우에는 일부 가해자가 처벌 받더라도 잔존 세력에 의한 보복 위협이 여전히 존재하거나 오히려 증폭될 가능성이 있으므로 피해자 입장에서는 신고나 기타 진술을 꺼리게 될 수 있다. 이는 목격자 기타 증인의 경우도 마찬가지일 것이다. 가해자도 진술을 꺼릴 수 있다. 일반 범죄의 경우 범죄자는 자수·자복을 하거나, 자백을 하여 형의 양정에 있어서 감경을 받고자 할 수 있으나, 범죄조직 구성원들의 경우 오랜 기간 실형 형기를 보낸 경험이 일종의 경력이 되고, 대우를 받는 근거가 될 수 있으므로 자백을 통한 감경 노력을 기피할 수 있다. 오히려 자수·자백 등을 굴욕적이거나 비겁한 행위로 치부할 수도 있다. 종종 진범인 상급 구성원을 대신하여 죄를 뒤집어쓰는 경우(위장출석과 범인은닉 내지 도피죄의 문제 등)도 오히려 영광스러운 일로 여기며, 이를 억울해하여 진범을 밝히는 등의 행위를 하지 않는다. 동료 등 기타 조직구성원의 가담 여부, 여죄, 기타 관련 정보 등을 수사과정 내지 재판과정에서 발설하는 것도 금기시되며, 만약 발설할 경우 보복을 받게 되기도 하는데, 이러한 여러 가지 이유로 인해, 범죄자는 자신 또는 기타 조직원에 대하여 진술하기를 꺼리며, 이는 수사에 많은 곤란을 초래할 수 있다.

둘째, 조직범죄 척결의 전제는 해당 조직의 구조를 밝히는 것일 텐데, 이렇듯 조직구조를 파헤치기가 곤란하다. 범죄조직은 매우 비밀스럽게 조직되며, 명령을 주고받는 자 이외에는 다른 구성원을 알기가 어려운 경우도 많다고 한다. 심지어 두목이 누구인지 모르는 경우도 있다고 한다. 이러한 조직구성의 은밀성은 범죄조직에 대한 수사에 지장을 초래할 수 있다. 범죄조직은 역할과 분담이 철저한 것으로 알려져 있다. 이러한 분업화적 역할 분담, 명령 전달, 명령 실행 등의 과정은 외부는 물론 조직의 다른 구성원에게도 잘 알려지기 어렵다. 이러한 조직구조 자체의 비밀성, 분업화된 역할 분담, 명령과 수행과정의 은밀성 등의 이유로 조직범죄에 대한 수사는 어렵다.

셋째, 다른 일반 범죄에 대한 수사보다 조직범죄에 대한 수사는 수사 자체의 위험성이 크고, 수사과정에서 조직구성원들이 인지될 여지가 크다. 범죄조직 구성원들은 대개 각종의 흉기를 소지하고 있는 경우가 많으며, 혼자 행동하기 보다는 여럿이 모여 활동하는 경우가 많으므로 수사관이 이들에게 노출될 경우 신변의 위협을 느낄 수 있는 등 수사 자체가 상당히 위험한 것으로 알려져 있다. 또한 잠복, 감시, 미행의 경우에도 다수인의 범죄조직 단원들의 감시나 경계로 인해 노출·발각될 가능성이 크며, 이런 경우 마찬가지로 수사관은 매우 위험한 상황에 놓이게 될 수 있다.

넷째, 일정 수준 이상으로 성장한 범죄조직은 이들을 비호하는 세력을 구축하고 있기 마련이다. 매수되거나 협박당한 형사사법기관 내지 세무기관 관계자 등 공무원, 이익을 제공받는 기업인이나 정치인, 공생관계에 있는 지역사회 유력인사들, 조직범죄단이 그들의 주요 고객이 되는 회계·세무법인 등이 조직범죄단체나 그 구성원들의 비호 세력이 되며, 이들은 평상시에도 각종의 방법을 통하여 관련 범죄조직의 존재 및 행위의 정당성을 지지하며, 검거·수사·재판 등에 당하여는 관련 범죄사실을 축소·은폐하여 사건을 무마시키기 위하여 노력을 전개한다. 이러한 세력의 힘이나 노력의 정도가 강할수록 수사기관은 위축되고 수사는 난항을 겪게 될 것이다.

위에서 살펴본 바와 같은 등의 여러 가지 이유로 인해 조직범죄에 대한 수사는 사실 대단히 어려운 과정에 해당된다고 할 수 있겠으나, 수사역량을 극대화하여 조직범죄를 척결하고자하는 노력은 지속되어야 한다. 아래에서 수사역량 강화방안들을 살펴보기로 하겠다.

1) 수사 환경의 개선

(1) 사기고양을 위한 수사여건 개선

조직폭력 수사는 수사관의 의지의 산물이라고 해도 과언이 아니다. 따라서 수사관의 사기를 제고하기 위한 수사여건의 개선이 시급하다. 무엇보다 과다한 근무량의 행소가 필요한데 이를 위해서는 수사 인력을 증원하는 양적 접근방법과 근무시간의 구성과 업무방식을 개선하는 질적 접근방법이 동시에 필요하다. 피해자의 진술확보, 조직폭력배의 활동상 채증, 통신 · 영장 · 각종 조회 등 수사서류 작성 · 편철, 정 · 첩보망을 통한 관련 조직의 동향관찰 등 다양하고 방대한 양의 수사가 필요하다. 그러므로 이러한 수사를 진행할 수 있는 충분한 인력의 확보는 필수적이다.

또한 근무시간과 업무방식은 해당 업무에 따라 분업과 전문화가 따라야 한다. 피해자의 진술을 확보하는 수사관과 조직폭력배의 동향을 관찰하는 수사관과 사무실에서 수사서류를 작성하는 수사관에 따라 근무시간과 업무방식을 구별하고 이에 따라 탄력적인 업무수행체제가 갖추어져야 한다. 조직폭력배 동향을 관찰하는 수사관은 심야와 새벽에 활동하는 조직폭력의 특성에 따라 시야에 근무하며 각종 조회와 영장 등 서류를 작성하는 수사관은 주간에 근무토록 하는 등 그 업무에 따라 탄력적인 업무방식을 도입하여야 한다(김기범, 2008: 93).

(2) 수사장비 개발팀 발족

수사 · 검거장비는 효율적인 수사를 위해서, 또한 수사관의 안전을 위해서 현대화할 필요가 있다. 그럼에도 우리의 수사 · 검거 장비는 노후화되어있고 조직폭력의 특성을 고려한 수사장비는 부족한 실정이다. 따라서 수사 · 검거 장비를 개발하는 별도의 팀을 구성할 것을 제안한다. 소속은 경찰 내지는 국립과학수사연구원 또는 첩보장비의 개발이 필요한 국가정보원 소속으로 하여도 좋을 것이다. 기계, 정자, 컴퓨터 등 분야의 전문인을 채용하여 볼펜형 등 각종 형태의 비노출 카메라, 부착형 녹음장비, 추적장치 등, 그리고 그물총, 고무탄총, 휴대착용이 간편한 방검복 등 최신 수사·검거장비를 개발토록 하여야 한다. 물론 인권침해 방지를 위해 개발된 장비의 품목과 사용대장을 명시하도록 하는 등 장비사용의 절차 및 한계 등에 대해서는 제한규정을 마련하여야 할 것이다(김기범, 2008: 94).

(3) 실효성 있는 단속 전략의 마련

구태의연한 단기간, 일회적인 특별작전 대신 지속적이고 연중 실시되는 단속으로 변화되어야 한다. 조직폭력은 '소나기는 피해가라'는 말처럼 특별단속기간 중에는 수면 아래 잠수하였다가 기간이 끝나면 다시 부상하여 왕성한 활동을 개시한다. 그러므로 상시 단속체제를 구축하여 쉼 없이 단속하는 것이 중요하다.

또한 단속의 중점을 검거인원보다 검거대상의 중요도에 두어 단속을 행하여야 한다. 엄격한 위계질서를 가진 조직폭력은 두목·행동대장 등의 역할이 매우 중요하다. 이들은 조직원 뿐 아니라 건달들까지도 수십에서 수백 명까지 일시에 동원할 수 있는 능력이 있고 은밀하고 계획적인 범행들은 대개 이들이 계략을 짜기 때문이다. 그러므로 조직의 두목 등 간부 내지 핵심구성원 위주의 단속 전략을 수립하여야 한다. 핵심구성원 위주의 단속을 하기 위해서는 장기간에 걸쳐 집중적이고 심층적인 수사가 필요하다. 이러한 측면에서도 단기간의 일회성 특별단속은 지양되어야 한다(김기범, 2008: 95).

2) 효율적 수사 체계의 마련

(1) 전담수사체제 구축

외국에서는 조직범죄의 중요성을 깊이 인식하고 전문적인 기구를 설치·운영하고 있다. 독일에서는 연방경찰청과 각 주의 경찰청에도 각 지역간·주간·국가 간의 조직범죄에 대처하기 위한 전담부서가 설치·운영되고 있다. 미국에서도 연방차원에서는 1954년 법무성 내에 '조직범죄담당과'(Oraganized Crime and Racketeering Section, OCRS)를 설치한 이래 기존의 법집행방식으로는 조폭범죄에 효과적으로 대처하기 어렵다는 인식아래 OCRS, FBI, 연방주류·담배·무기국, 국세청 등으로 구성된 18개 기동대책반(Strike Forces)을 설치하였다. 또 1970년에는 조직범죄 근절대책을 마련하기 위하여 '국립조직범죄대책회의"(National Council on Organized Crime)가 성립되고, 1976년에는 '국립조직범죄대책기획위원회'(National Organized Crime Planning Council)로 개편되어 검찰총장을 의장으로 하고, 각 기관의 차관급이 참여하여 연방기동대책반과 연방수사기관간의 협력을 조정·강화함으로써 연방차원에서 효율적으로 대처하고 있다(하태훈, 1995: 57-58). 우리의 경우에도 전문적이고도 체계화된 수사체제 구축이 필요하다고 본다.

(2) 정보자료의 체계화

조직폭력 관련 정보자료는 수사의 실효성을 담보할 수 있도록 통합적으로 체계화되어 관리되어야 한다. 그러나 동시에 정보관리는 국민의 프라이버시 침해라는 한계를 준수하여야 한다. 조직폭력 정보의 효율성을 제고하기 위해서는 타 기관과 자료관리시스템의 통합을 이루어야 하겠다. 이는 조직범죄에 대한 보다 많은 자료를 수집할 수 있게 할 수 있을 뿐 아니라 자료의 관리나 검색을 용이하게 하며 운용과 비용면에서도 절감효과를 가져올 수 있을 것이다. 특히 국제범죄조직의 국내 유입 또는 국내조직과 국제 조직간의 연계가 예상되는 현 추세를 감안한다면 국가정보원의 탁월한 국제정보수집능력을 이용하기 위해 국가정보원의 해외범죄정보시스템과의 연계 또한 적극적으로 고려해 보아야 할 것이다(김기범, 2008: 98).

3) 수사 전술의 향상

(1) 수사보안의 유지

조직폭력수사에서는 수사보안이 99% 이상 수사성공의 열쇠를 쥐고 있다고 하여도 과언이 아니다. 조직폭력배수사를 진행하다 보면 서서히 수사보안의 중요성이 인식되기 시작하다가, 나중에는 수사보안이 전부인 것처럼 생각되기도 한다. 수사보안이 안된다면, 99명의 수사요원이 힘들여 쌓아 올린 공든 탑이 단 한 사람의 수사기밀누설로 허사가 된다. 수사팀에서 밤장을 못자고 공들여 소재파악을 하며 검거 직전단계에 이르렀다가, 단 한 사람의 실수로 보안이 누설되어 원점으로 돌아가 소재수사의 어려움을 겪게 되는 경우가 많다(양태규, 2003: 374-375).

수사기밀누설과 관련하여 흔히 문제가 되는 것은 수사 중에는 수사팀 구성원들이 수사 보안의 필요성을 저절로 느껴 그런대로 보안이 유지되다가, 수사가 종료된 후에는 이러한 보안의식이 약화됨으로 인하여 사석 등에서 자랑삼아 수사비화 등을 털어 놓게 되어 보안사항이 누설되는 경우가 많다(검거 형사의 무용담, 과시, 성공담 등). 때문에 보안유지능력을 투철하게 갖고 정보를 누설해서는 안 될 것이다. 공무소, 금융기관 등에의 조회과정에서 누설되는 경우도 있다. 또한 고의적인 누설 외에도 부적절하거나 미숙한 수사활동 으로 말미암아 누설되는 경우가 허다하다. 사람들에서 불필요하게 신분을 노출하거나, 언행으로 신분을 파악할 여지를 주는 경우가 있다(양태규, 2003: 375-376).

(2) 증거자료 확보

「범죄단체 구성 등 죄」로 처벌함에 있어 판례는 조직의 명칭, 조직의 목적, 조직의 결성시기 · 장소, 관할구역, 행동강령, 지휘통솔체계, 조직의 연속성, 조직유지 자금, 조직목적에 부합한 개별 범죄행위, 단합대회 및 합숙, 조직이탈시 벌칙관계 등을 고려하고 있다. 이 요소들에 대해서는 소명 내지 증명이 필요한 바, 폭력조직의 목적은 조직원들의 개별범행을 대상으로 그 범법행위들의 유형을 모아 추궁함으로써 그들 조직이 폭력을 수단으로 불법적인 경제적 이익의 취득을 목적으로 한다는 것을 드러낼 수 있다.

결성식, 단합대회, 합숙 등은 잠복하여 채증을 하여야 하고 관할구역을 드러내기 위해서는 관할구역 내 순찰장면 또는 채증이 필요하며 지휘통솔체제 또한 조직원들의 경조사 시 선 · 후배 간 굴신경례를 하는 장면에 대한 채증으로 이를 보장하여야 한다. 최근 이러한 구성요소들에 대한 증거자료 확보에 있어 주목할 만한 것은 조직폭력 세계에도 인터넷 사용자가 많다는 것이다. 특히 젊은 조직원들이 이런 경향이 강한데 이들이 가입한 싸이월드나 인터넷 까페 등을 확인하면 조직의 활동상을 사진이나 글로 남겨둔 것을 확보할 수 있다. 그 사이트에는 단합대회 · 순찰활동 · 경조사 등의 사진과 댓글 등이 남겨진 경우가 많이 있는데 이러한 사이트 내의 사진과 글은 그 자체로도 증거자료가 될 수 있을 뿐 아니라 조직폭력배들을 심문할 때 조직의 범죄단체성 인정 진술을 이끌어낼 수 있는 추궁자료가 되기도 한다. 증거자료의 확보뿐만 아니라 이러한 정황이 잘 드러나도록 수사서류를 잘 작성하는 것도 매우 중요하다(김기범, 2008: 100-101).

4) 법 · 제도상 개선방안

(1) 증인 확보 및 보호 강화

조직폭력범죄는 그 범죄행위의 은밀성과 조직성으로 인하여 증거나 진술을 확보하기 어려운데, 증인을 확보하는 경우에도 폭력조직의 보복, 협박 등이 두려워 증인이 진술을 거부하는 경우가 많다. 또한 조직 내부의 관련인이 진술하는 경우는 폭력조직을 파악하는 직접적인 중요한 자료가 되기 때문에, 이러한 증인 등에 대하여 면책 등의 혜택을 주는 방법이 필요하다. 실무상으로는 범죄조직의 두목이나 상급조직원의 검거 및 그들의 범죄입증, 범죄조직의 실체파악 등 수사과정에서 협조한 조직원에 대하여 기소유예처분이나 불구속 구공판, 약식기소 등의 처분을 하여 형사처벌을 감면하여 주는 경우가 있다. 그러나 그 범위와 한계가 불분명하여 이를 내부 제도화하여 조직폭력범죄 수사에 적극적으로 활용하는 것이 필요하다. 폭력조직의 엄격한 내부규율은 조직원이 동료나 상급자에 대하여 범죄사실을 진술하는 것을 어렵게 만든다. 따라서 조직원으로 하여금 진술하도록 하기 위해서는 증인면책규정 이외에 수사기관이 수사에 협조한 조직원을 폭력조직의 보복으로부터 보호해 줄 필요가 있다. 미국의 RELOCATION 제도는 좋은 실례가 될 수 있다. 현행법상 「특정강력범죄의처벌에관한특례법」 제7조, 제8조에서는 증인 등의 신변안전조치에 관한 규정을 두고 있고, 「특정범죄가중처벌등에관한법률」 제5조의9에서는 보복범죄를 가중처벌하는 규정을 마련해 시행하고 있으나, 보다 확실하고 안전하게 증인 등을 보호하여 효율적인 수사와 공소유지를 기해야 할 것이다(강봉채, 2007: 48-49).

(2) 형사면책제도(공범증인면책제도) 도입의 검토

조직범죄의 수사와 관련하여 범죄조직의 내부자로부터 협조를 이끌어내는 방안, 즉, 형사면책제도(공범증인면책제도)를 모색해야할 필요성이 강조되고 있다. 즉 이와 같은 협조가 있으면 수사기관의 부담이 덜어지고 수사의 효율성이 제고될 것이다. 그러나 범죄조직의 구성원이 자발적으로 수사에 협조하기란 좀처럼 있기 어려운 일이다. 왜냐하면 범죄조직의 일원이 그 자신의 범죄와 관련하여 자수, 자백, 자진출석 등의 협조를 하는 것조차 조직에 대한 배신이 될 수 있기 때문이다. 더욱이 다른 조직원의 범죄를 밀고하는 것은 명백한 배신행위로서 조직으로부터 보복을 당할 수 있기 때문이다. 따라서 범죄조직원의 협조를 유도하려면 조직의 보복으로부터 그 조직원을 보호할 수 있는 신변안전을 제공하여야할 것이다. 이에 더하여 협조한 조직원의 범죄에 대한 형사처벌을 면제하거나 감경할 수 있다는 보상이 주어지면 수사기관에 좀 더 적극적으로 협조할 수 있는 계기가 될 것이다(도중진, 2004: 152-153).

(3) 세무공무원에의 사법경찰권 부여

2007년 국회는 현행 조세범처벌법을 개정, 세금탈루와 관련한 세무공무원의 대처권한을 강화하는 한편 불법적인 방법으로 세금을 포탈하는 '조세범'들에 대한 처벌을 높이는 방안이 추진되었다. 제출된 조세범처벌법 개정안은 조세범처벌법 집행과정에서 세무공무원의 권한을 강화하는 내용으로 법 집행시 세무공무원에게 '사법경찰권'을 부여해 이를 바탕으로 압수·수색 등 권한을 행사할 수 있도록 한다는 내용이 핵심이다(최병민, 2009: 191).

조세범과 관련한 수사에 있어서만큼은 세무공무원이 실질적인 '경찰'의 역할을 할 수 있도록 해 조세범 처벌의 실효성을 강화하기 위한 조치였다. 더불어 조세범들에 대한 처벌양형을 한층 강화하는 내용도 포함되었는데, 사기 기타 부정한 행위로써 조세를 포탈하거나 조세의 환급·공제를 받은 자에 대한 처벌 양형을 현행 3년 이하의 징역에서 5년 이하의 징역으로 상향

조정하는 내용으로 조세포탈행위는 국고수입의 확보를 곤란하게 할 뿐만 아니라 경제 질서를 왜곡시키고 국민의 건전한 근로의욕을 상실시키는 반사회적 범죄이므로 조세포탈범죄에 대해서는 일반 형사범과 다름없는 비난과 제재가 가해져야 하기 때문이다. 우리나라의 경우 '특가법'규정을 제외하고는 조세포탈범을 3년 이하의 징역에 처하도록 하고 있어 다른 선진국에 비해 그 형량이 가볍고 또한 형법상 횡령죄와 사기죄와 비교해도 조세포탈범에 대한 제재가 경미해 이를 강화할 필요가 있기 때문이었다.

그러나 2007년에 국회에서 제안된 세무공무원에게 '사법경찰권'을 부여하는 내용과 조세포탈범에 대한 처벌 양형을 강화하는 개정안은 통과되지 않고 있는 실정이다.

폭력조직의 자금줄 차단과 범죄이익환수를 위해 국세청 등의 세무공무원에게 특별사법경찰관의 직위를 부여하여 강제조사 할 수 있도록 해야 한다. 폭력조직은 주로 유흥업소·주류회사·건설회사 등 다양한 곳에서 기생하여 자금원을 확보하고 있으므로, 이곳에 대한 세원을 끝까지 추적하여 음성적인 탈루 소득을 징수할 수 있어야 한다. 그러기 위해서는 소득원의 탈루 여부를 실질적으로 조사하여 이를 추징할 수 있도록 국세청 등 세무공무원에게 사법경찰권을 부여하여 폭력조직의 자금을 근원적으로 차단하여야 할 것이다(최병민, 2009: 191).

(4) 종합적인 규제법규의 마련

우리나라에서의 조직범죄는 아직은 미국이나 일본의 경우처럼 심각하다고는 할 수 없지만 조직범죄는 폭력이나 불법행위를 통하여 경제적 이익을 취득하던 단계를 벗어나 상당한 수준의 자금을 확보하고 이를 합법적인 사업에 투자하여 이익을 취하는 단계로 변모하고 있다. 조직범죄의 규모가 커지고, 활동영역이 지역과 국가를 벗어나 이익이 있는 곳이면 세계 어느 곳에서도 범죄행위를 하고 있다는 사실은 일반 형사법만으로는 조직범죄를 예방하거나 진압할 수 없다는 것을 보여준다(송태종, 2004: 152).

우리나라에서는 형법에서 범죄단체조직죄(제114조)를, 폭력행위등처벌에관한법률에서 범죄단체 구성·가입·활동죄(제4조)를, 특정범죄가중처벌등에관한법률에서 보복범죄의 가중처벌과 증인에 대한 보호를, 특정강력범죄의처벌에관한특례법과 특정범죄신고자등보호법은 증인의 신변안전을, 통신비밀보호법은 감청을, 상법은 법인의 형태를 취한 폭력조직의 해산명령제를, 특정금융정보의보고및처벌등에관한법률에는 범죄수익의 몰수·추징 등을 규정하여 조직폭력에 대해 각 법률에서 개별적으로 규제하고 있다. 이처럼 조직범죄에 대한 규제를 각 법률에 분산시켜 운용하기 때문에 사회·경제 정세의 변화에 따라 날로 국제화·다양화·지능화되며 진화하는 조직폭력범죄에 신속히 실효성 있게 대응할 수 없는 실정이다(양태규, 2003: 333). 따라서 조직폭력에 적절히 대응할 수 있는 종합적인 규제 법규의 제정에 대한 심도있는 검토가 필요하다고 할 것이다(김기범, 2008: 92).

2. 교정역량의 강화

1) 조직범죄 교정에 대한 관심 환기

폭력조직사범에 대해서 현재까지 우리 나라는 중형선고나 사회로부터의 장기간 격리구금 및 순화적 차원의 특별 정신교육일변도로 교정 처우 정책을 해왔다. 하지만 처벌의 대상이나 보안 및 규율 유지의 객체로서의 지위에 중점을 둔 결과 수형자의 교정 측면에는 다소 소홀하였던 것이 사실이다.

그러나 범죄조직원도 언젠가는 일정형기를 마치면 출소하게 되는데다가 교정 처우의 원래 목적 또한 재소자의 정상적인 사회 복귀에 있다는 점을 고려한다면 유독 폭력조직원에게만 경직된 엄벌위주의 처우로써 불이익을 주는 것은 불공평할 뿐만 아니라 오히려 자포자기를 통한 재범의 가능성을 높여 재입소하는 악순환을 되풀이할 우려가 있다 따라서 조직범죄자가 출소 후 조직을 이탈하고 정상적인 직업을 가질 수 있도록 교정 처우의 방법 또한 검토되어야 한다. 즉 조직원 개개인에게 책임감과 일정한 권한을 부여하고 스스로 존엄성을 가진 인격체임을 자각하게 하며 자기 자신의 문제에 적극적으로 개입하여 자신을 바람직스럽게 변화시키기 위한 동기의 부여와 진로의 모색에 협의·참여할 수 있는 적극적인 자세가 긴요한 것이다(한인섭, 1991: 379-380).

2) 교정전문 시설의 설치·운영

폭력조직은 그 속성상 흉악·잔인성과 중죄의 범행가능성 때문에 대부분 장기형을 선고받는 경우가 많다. 그럼에도 수형자의 경우 죄명별에 따른 전문적 분류 처우시설이 없고, 잡다한 범죄자들과 혼거수용하고 있어 악풍감염은 물론, 개별처우도 곤란한 실정이다(한인섭, 1991: 349). 이것은 교도소 내에서도 수용자들 간에 우월한 지위를 확보하기 위하여 온갖 수단을 다 사용하고 있고, 또 편안한 생활을 위하여 각종 소내 규칙위반을 자행하고 있으며, 이에 편승한 일부 재소자들은 조직에 가담하는 사례도 빈발하고 있는데, 이러한 원인중의 하나가 범죄조직원과 타 범죄자를 함께 수용하는데 있다(양태규, 2003: 545).

따라서 형사 정책적 관점에서 처우의 합리화·과학화에 합당할 수 있도록 죄명에 따른 적정한 유형의 교도소, 즉 폭력조직 전담교도소 아니면 광의로 해석하여 폭력배 전담 교도소를 설치·운영할 필요가 있다(노인수, 1994: 388). 이렇게 폭력배만을 전담 수용함으로써 혼거수용에서 오는 문제점들을 해결할 수 있을 뿐만 아니라 이들만을 전문적으로 교화·순화할 수 있는 프로그램의 개발 역시 쉬워지며, 또 업무의 전문화를 꾀할 수 있다. 다만 이때에도 재범과 누범가능성 등 제반 상황을 종합적으로 판단한 수형자의 분류작업이 공정하고 엄격히 이루어져야 한다. 이와 아울러서 소단위 교정처우시설의 많은 신설과 전문교도관의 확보, 그리고 전문가들과 공통으로 폭력조직원들의 처우에 관한 실험과 연구를 실시함은 물론 재소자 상담을 통한 문제점을 분석 · 평가한 후 이를 교정처우정책에 반영하는 노력이 지속적으로 이루어져야 할 것이다(양태규, 2003: 546).

또한 폭력조직원의 수용에 있어서도 각지에의 분산수용은 도리어 이들에게 전국구화를 꾀할 기회를 주는 반면, 연고지 수감은 세력을 규합하여 교정당국에 조직적으로 도전할 우려가 있는 등 원거리 이감과 연고지 수감 간에는 많은 장 · 단점이 있다. 따라서 이들을 일률적으로 원거리 이감하여 수감할 것이 아니라 죄명 · 죄질 등에 따른 엄격한 분류 하에서 결정해야 할 것이다. 즉 비교적 경미하거나 곧 출소할 것이 예상된다든가, 합의하거나 깊이 반성하는 등의 사범에 대해서는 연고지에서 수형생활을 하도록 하고, 그렇지 못한 상습성 · 악질성의 중형이 예상된 자 및 재범 가능성이 높다든가 수감 후에도 수형생활에 문제를 일으킬 소지가 있는 수형자는 원거리로 이송하여 독거수용하여야 한다. 이처럼 폭력조직원의 수용에 있어 원거리 교도소에로의 의무적 시행을 선택적 판단사항으로 하여 탄력적으로 운영하여야 한다. 이때의 판단은 검사가 제반사정을 종합적 · 합리적인 근거에서 결정하여야 할 것이다(양태규, 2003: 546).

3) 다이버전(Diversion)의 활성화 검토

최근 선진 외국에서는 조직범죄에 대한 법적인 비난의 강도가 커지면서 조직폭력범에게는 장기형을 선고하는 경향이 늘어가고 있다. 그러나 장기형의 선고는 본인의 심리적 폐해는 말할 것도 없고, 다른 수용자에게도 여러 가지 폐해를 낳고 있다. 이는 폭력조직이라고 하여 무조건 장기구금·격리하는 경우, 또 다른 폐해를 일으키게 된다는 뜻이다. 따라서 비록 폭력조직원일지라도 정상참작의 여지가 있는 경미한 범죄와 초범·과실범·청소년 범죄 등의 경우에는 시설에의 구금형을 선고하는 대신 각종 다이버전(Diversion)과 사회내 처우인 사회봉사명령·수강명령 등과 중간처우의 형태로 자유형의 폐해를 줄여 나갈 필요가 있다. 반면에 악질적인 상습범, 죄질의 불량한 조직원, 개전의 가능성이 없고, 폭력성이 농후한 자, 우범자, 조직의 수괴 등 간부급 등에 대해서는 장기 구금형 및 기타 억압적인 처우를 실시하여야 할 것이다.

다이버전의 활성화는 자유박탈이 개개인의 개선 및 조정의 기회를 반드시 향상시키지는 못하며, 또 시설내 구금 위주의 현행 제도보다 사회내 처우나 시설외적 처우가 보다 적은 비용이 들고, 보다 더 인도적이기 때문이다. 따라서 시설수용으로 인한 격리가 필요한 자는 반드시 장기구금으로 인한 억압적 처우를 실시하여야만 하되, 격리와 개선을 비교하여 후자의 이익이 크다고 판단되는 경우에는 시설내 수용 등 유입을 피하는 다이버전 등이 보다 바람직스럽고 합리적이다. 다만 이 같은 다이버전의 활성화는 사회적 위험성과 사회적 비난가능성이 매우 높은 폭력조직에 대해서는 엄격히 적용하여야 한다. 결론적으로 형사정책적 차원에서 장기적으로는 형벌과 현행제도의 합리적 조정으로 교도소에의 유입인구를 줄여 가는 정책적 노력이 필요하다(한인섭, 1991: 381).

4) 범죄조직 탈퇴 지원

폭력조직으로 시설 내 수용은 되었다고는 하지만 그 조직으로부터 탈퇴하여 자유인으로서 생을 영위하고 싶어 하는 수용자도 많이 있을 것이다. 따라서 이들에 대한 정책적 지원이 집중적이고 계속적으로 이루어져야 할 것이다. 우선 조직탈퇴의사가 있는 자와 그렇지 않은 자를 가려내서 전자에 대해서는 적극적인 탈퇴지원계획을, 후자에 대해서는 탈퇴를 해야 하는 이유와 탈퇴시의 배려 등을 적극 설득해야 한다. 탈퇴자에 대한 일정기준의 전과기록을 삭제해주고, 일정조건 하에서 조직명단에서의 삭제, 우범자 관찰보호대상에서의 제외, 취업알선 및 주거나 학비지원, 문신제거 지원 등 각종 정책적 배려가 있어야 할 것이다. 이 같은 배려를 위해서 조직원으로 활동함으로 인하여 사회로부터 받는 각종 불이익의 제거 및 자유로운 생활에의 적응 · 보장을 위한 측면에서 다양한 조치 · 정책 · 대안들이 개발 · 시행되어야 할 것이다(양태규, 2003: 548).

5) 인간화 교육

장기형을 선고한다고 하여 이들을 교도소에서 장기간 '썩혀 두는 데' 만족할 수는 없다. 비록 '위험한' 수형자들도 석방되어야 한다는 점, 그렇지 않을 경우에는 그들이 '더 위험해질 수 있다'는 사실에 주목하여 시설 내에서도 인간화에 역점을 둔 교육을 통하여 수형자의 자유생활을 준비시키는 방향으로 개선하여야 한다. 조직범죄자들에 대한 사회적 폐해, 그들이 받는 각종 불이익과 과거에 선배였던 자들의 행적 및 개과천선 후의 사회기여 등을 논리적이고 설득력있게 체계화한 다음 교육시킬 필요가 있다 일반잡범들과 혼거상태에서 건수채우기식 내지 책임회피의 교육이 아니라, 이들은 물론이고, 목회자 · 승려 · 교수 등 사회지도층 인사나 시민단체 등과 연대한 교육도 매우 중요하다. 특히 분야별 전문가의 교육이나 외국의 실태 및 사례소개 등으로 자신의 현실을 깨닫게 하는 노력이 최우선되어야 한다(양태규, 2003: 549).

6) 출소대책 개선

폭력 조직원들이 사회로 원만하게 복귀할 수 있도록 도와주는 사회화 지향책이 마련되어야 하는데, 이를 위해서는 출소 후 정상적인 직업을 가진 자유로운 사회인으로서 인간적인 삶을 영위할 수 있도록 생계보장성 직업훈련 프로그램이 마련되어야 한다. 대체적으로 폭력 조직원들은 출소 후 안정된 직업과 경제적 문제의 해결이 탈퇴의 주요변수이다. 따라서 출소 후의 항구적이고 안정된 생활을 보장하기 위한 방향으로의 직업훈련이 이루어져야 할 것이다. 기존에는 벽돌쌓기 · 목공 · 이발 · 용접 등의 직업훈련을 실시함으로써 출소 후에도 크게 도움이 되지 못하고 다시 재범의 길로 들어서는데 주저하지 않았던 것이 사실이다(양태규, 2003: 550).

그러나 사회가 고도로 발달하고 인지가 고도화되면서 직업도 다종 · 다양화됨에 따라 재소자교육도 이에 걸맞는 방향으로 보조를 맞춰야 할 것이다. 컴퓨터 교육과 고소득 보장교육 및 당장이라도 취업과 직결되는 방향으로의 전문화교육이 이뤄져야 한다. 이 같은 전문화 직업교육은 교정당국만의 노력으로는 한계가 있으므로, 정부의 인사 · 예산 · 시설 등의 적극적인 지원과 배려 속에 유관직업 훈련원 · 단체 등의 협조가 있어야 하겠다. 또 일정교육의 이수자에 대한 전문자격 취득과 취업에 있어 정부의 적극적인 중개 및 알선 노력 외에 취업자에 대한 문제점과 애로사항의 보완 및 발전의 사후관리노력이 매우 중요하다. 따라서 교정당국은 수형자들의 자유생활을 준비시키는 방식을 즉 자유를 위한 훈련을 더욱 발전 · 개선하여야 할 것이다(양태규, 2003: 550).

3. 조직범죄 피해자 지원 강화

1) 피해자를 위한 경찰의 역할

경찰의 입장에서 본다면 경찰이 국민의 모든 피해를 보호할 능력이 없다고 할 수 있다. 하지만 경찰을 찾는 피해자는 유일한 희망으로 경찰에게 도움을 요청할 수도 있다는 사실을 경찰은 인정하여야 한다. 조직범죄에 관한 한 피해자가 쉽게 경찰에게 도움을 요청할 수 있는 방안이 마련되어야 하고, 그 내용이 널리 홍보되어 조직범죄에 의해 피해자로 하여금 자신의 피해회복을 경찰에게 요청할 수 있도록 하여야 한다.

조직범죄의 경우 보통 조직원이 검거된 경우 다른 조직원이 피해자를 위협한다. 이 경우 피해자가 그 위협에 굴복할 경우 검거된 조직원은 경미한 처벌을 받게 됨과 동시에 피해자는 다시 범죄조직의 표적이 되는 경우도 있다. 출소 후의 조직원에 의한 위협을 피해자는 쉽게 극복할 수 없다. 따라서 경찰이 피해자에 대한 후원자로서의 역할을 담당할 수 있는 여건이 마련되어야 한다(정지운, 2010: 17).

2) 경찰의 피해자 지원 필요성

모든 범죄의 일선에 경찰이 있듯이 조직범죄에 있어서도 경찰이 일선에서 활동하고 있다. 조직범죄가 발생하면 가장 먼저 그 범죄를 수사하는 기관은 경찰이다. 이것은 경찰이 각 지역별 조직원에 관한 정보를 관리하며, 조직원을 통제할 수 있는 능력이 있기 때문이다. 따라서 조직범죄의 피해자에 대한 경찰의 역할도 경찰의 조직범죄의 통제능력과 밀접하게 이루어질 수 있다. 피해자에 대한 가장 효과적인 보호와 지원은 경찰에서 이루어질 수 있다는 사실은 이미 범죄피해자를 연구하는 많은 문헌에서 제시되고 있다. 이러한 입장에서 본다면 조직범죄 피해자에 있어서도 동일한 이해가 가능하다.

경찰의 범죄피해자를 위한 역할요청이 증대되고 있는 것은 경찰의 범죄예방과 진압에 앞서 범죄피해자를 위하여 활동하여야 한다는 의미가 아니라 이미 일정정도 진행되고 있는 검찰이나 민간단체 혹은 다른 국가기관의 범죄피해자를 위한 활동이 한계가 있음을 의미한다. 범죄피해자에 대한 보호나 지원은 범죄발생 후 가장 먼저 현장에 접근할 수 있는 경찰에 의할 때 가장 효과적이므로 경찰에 의한 피해자를 위한 역할이 강력히 요청된다. 따라서 경찰이 범죄피해자를 위한 역할을 필요성은 범죄의발생과 동시에 관여하는 경찰의 역할 그 자체에서 나오는 당연한 기대라고 할 것이다(정지운, 2010: 19).

3) 피해자보호기구의 구성방안

경찰의 역할의 수행과 노력이 최근 범죄피해자에 대한 관심과 범죄피해자를 위한 경찰의 역할증대 요구에 부응할 수 있는 만족할만한 수준은 아니다. 하지만 이제는 피해자를 위한 경찰의 역할을 중요시할 때이다. 왜냐하면 피해자를 위한 국가기관으로서의 역할이 새로운 국제적인 조류와 함께 우리나라에서도 강하게 요청되고 있기 때문이다.

경찰에서 피해자를 위한 실질적인 역할을 담당하기 위해서는 경찰조직에 피해자를 위한 기구가 현실화할 수 있도록 설치·운영되어야 한다. 경찰에도 범죄피해자를 위한 근거로서 범죄피해자 보호규칙이 제정되어 있다. 이 규칙에 따라 범죄피해자를 위한 기구구성은 어렵지 않다고 본다. 다만 얼마만큼 효과적으로 범죄피해자를 위하여 작용할 수 있는 실질적인 기구로 운영이 될 수 있는가가 중요한 부분이라 할 것이다.

기구의 수준으로는 경찰청에서는 국으로 지방경찰청 단위에서는 부로 설치하는 것이 타당하다고 본다. 기구의 개편은 다양한 관점에서 장기간 평가하여야 하므로 단기적으로 조직범죄피해자를 위한 기구로서 조직범죄피해자

대책과를 수사국에 우선 설치하여 그 실시효과를 평가하여 기구의 확대를 고려할 수 있다고 본다. 조직범죄피해자대책과에서는 조직범죄와 관련하여 발생하는 범죄피해의 유형에 따른 대책을 강구함으로써 피해자가 범죄전후를 망라하여 겪게 되는 피해를 최소화할 수 있어야 할 것이다. 따라서 조직범죄에 정통한 경찰 중에서 피해자보호를 위한 역할을 담당할 수 있는 경찰을 선발하고, 피해자가 원하는 시간과 장소에서 도움을 줄 수 있는 방안을 모색하여야 한다. 그리고 조직범죄는 다양한 유형으로 발생하지만 그 특성을 고려한다면 피해자가 도움을 필요로 하는 시기와 역할은 한정될 수 있을 것으로 보이기 때문에 조직범죄를 수사하고 조직원을 검거하는 역할을 담당했던 퇴직 경찰관을 적극 활용하는 방안도 유용할 것으로 보인다.

피해자를 위한 역할을 담당할 경찰관의 교육훈련도 매우 중요하다. 실제로 경찰활동의 중심축은 범죄인의 검거 등이다. 따라서 아무리 범죄피해자를 위한 경찰의 역할을 강조하여도 그 역할을 수행하기 위한 자질과 능력이 없다면 어렵다고 할 것이다. 따라서 조직범죄 피해자에 대한 초기대응부터 공판절차 그리고 형집행절차까지 이어지는 피해자를 향한 각종 위협에 효과적으로 대응할 수 있는 방안을 강구하고 피해자를 보호할 경찰관을 교육할 수 있어야 할 것이다. 따라서 조직범죄 피해자를 향한 경찰의 역할은 직접적인 조직원의 위협을 제거하는 것임과 동시에 지속적인 경찰의 역할을 증대시킬 수 있는 방안으로 교육이 함께 이루어져야 한다. 백화점식 범죄라고 할 수 있는 조직범죄의 피해자를 위한 경찰기구의 역할이 성과를 거둔다면 이를 모태로 일반범죄 피해자에 대한 경찰기구의 구성도 점진적으로 진행함에 무리가 없을 것이다(정지운, 2010: 19-21).

제 3 절 국제사회의 조직범죄에 대한 규제

1. 국제조직범죄에 대한 리옹그룹 설치와 G8권고

1995년의 핼리팩스(Halifax)정상회의에서는 국제조직범죄에 대항하기 위한 국제협력의 강화, 관계조약 및 FATF의 권고 실시, 약물거래 및 그 외의 중대범죄의 수익의 세탁을 방지하기 위한 효과적인 조치 등에 대하여 의장성명이 발표되었고, 이와 함께 국제조직 범죄 대책을 검토하기 위한 상급전문가그룹인 리옹그룹이 설치되었다(정완, 2001: 254). 여기에서는 국제조직범죄대책에 관한 협의가 이루어져 구체적인 문제점 등에 대하여 법 집행그룹(Law Enforcement Subgroup)과 법률/기관 그룹(Legal/Institutional Subgroup)으로 나누어 토의가 진행되었는데, 1996년에 국제조직범죄에 효과적으로 대항하기 위하여 전자 감시 등 수법의 중요성, 유효성의 강조, 중대범죄 수익의 몰수 등을 위한 입법 조치의 고려를 내용으로 하는 40항목의 권고가 이루어졌다. 동 그룹에서는 2001년 9월 11일의 미국의 동시다발 테러사건 이후, G8의 테러대책전문가회의인 로마그룹과 합동으로 회의를 개최하여 리옹그룹의 국제조직범죄 대책의 지식 및 경험을 테러대책에 활용하는 것에 대한 검토가 이루어져 있는데, 2002년 5월에 국제조직범죄와의 투쟁을 위한 40항목의 권고내용을 개정하여 국제조직범죄대책 및 효과적인 테러대책에 대하여 규정한 국제범죄에 관한 G8의 권고가 이루어졌다. 본 권고는 총 5부로 이루어져 있는데, 각각 국내적 및 국제적 대응능력의 증진, 국제협력의 강화, 수사능력의 강화, 초국가적 범죄, 테러리즘과 그 외의 초국가적 범죄의 수렴으로 구성되어 있다(송기호 외, 2006: 60-61).

2. 국제조직범죄방지조약

1998년 버밍험(Birmingham)G8정상회의에서는 국제조직범죄에 의한 위협에 효과적으로 대처하기 위하여 국제연합에서 검토하고 있는 국제조직 범죄방지조약을 향후 2년 이내에 교섭하도록 노력하는 방안이 지지되어 동년 12월의 국제연합총회결의에 의해 국제적인 조직범죄의 방지에 관한 국제연합조약 및 이에 부속하는 의정서의 기초를 위한 정부간 특별위원회가 설립되어 동 위원회는 1999년 1월에 심의를 개시하였다(최병민, 2009: 140).

그 후 2000년의 오키나와 정상회의에서도 국제조직범죄 대책의 효과적인 법적 대응의 창성을 위한 국제조직범죄방지조약의 채택에 대한 지지가 재확인되었다. 이와 같은 경위를 걸쳐 2000년 12월 국제연합총회에서 국제조직범죄의 방지에 관한 국제연합조약(United Nations Convention Against Transnational Organized Crime)이 채택되었다.

국제조직범죄방지조약은 본 협약과 3개 부속의정서로 구성되어 있다. 본 협약은 글로벌화의 급속한 진전에 수반하여 최근 복잡하고 심각해지는 국제조직범죄를 효과적으로 방지하고 이에 공동으로 대처하기 위해 국제사회의 협력을 촉진시키는 것을 그 목적으로 하고 있는데, 전체 41개조로 구성되었다(최병민, 2009: 141)

본 협약에서는 조직범죄단체가입의 범죄화, 범죄수익 세탁의 범죄화, 금융세탁을 방지하기 위한 조치, 부정부패의 범죄화 및 방지책, 법인의 책임, 범죄수익의 몰수 및 국제협력, 재판권, 범죄인 인도 및 사법공조, 공동수사 및 특별한 수사방법, 형사소추절차의 이송, 사법방해의 범죄화, 증인보호와 피해자 보호 및 구조, 법 집행기관의 협력을 촉진하기 위한 조치, 조직범죄에 대한 정보의 수집 및 교환 등을 규정하고 있다. 특히 형사절차와 관련된 규정으로는 제11조의 형사소추, 확정판결 및 형사제재, 제15조의 재판관할권,

제16조의 범죄인 인도, 제17조의 수형자 이송, 제18조의 사법공조, 제19조의 공동수사, 제20조의 특수한 수사방법, 제21조의 형사소추의 양도, 제22조의 범죄기록의 작성, 제24조의 증인보호, 제25조의 피해자 보호 및 구조, 제26조의 형사소추기관의 공동작업을 강화하기 위한 조치, 제27조의 형사소추영역에 관한 공동작업, 제28조의 조직범죄의 성질에 관한 정보의 수집·교환 및 분석 등을 들 수 있다.

이 협약을 보충하기 위한 인신매매 방지의정서(Protection to prevent, suppress and punish trafficking in persons especially women and children)는 20개조로 구성되어 있고, 크게 인신매매행위의 범죄화, 피해자 보호 및 지원, 인신매매의 방지, 국경통제조치, 여행문서의 보안과 규제 등을 규제하고 있다. 그리고 25개조로 구성된 이민자 불법운송 방지의정서(Protocol Against the Smuggling of Migrants by Land)에는 이민의 형사책임, 이민자 불법운송의 범죄화, 범죄혐의 선박에 대한 조치, 불법이민자의 보호 및 송환, 국경통제 조치, 여행문서의 보안과 규제 등을 규정하고 있다.

국제적 조직범죄에 대한 UN조약을 보충하기 위한 총기류 불법제조 및 거래방지 의정서(Protocol Against the Illicit Manufacturing of and Trafficking in Firearms)는 21개조로 구성되어 있어 여기에서는 총기류불법제조 및 거래행위의 범죄화, 불법제조 총기의 몰수, 압수 및 제거, 총기류의 등록과 표식, 총기류의 예기처분, 수출입과 통관시의 면허 및 허가에 관한 일반요건, 안전 및 예방조치, 당사자국간의 정보교류 및 협력, 중개상과 중개, 분쟁의 해결 등을 규정하고 있다(최병민, 2009: 142).

제10장 조직범죄의 피해

제10장 조직범죄의 피해

제 1 절 해악성

조직범죄는 여러 면에서 국가전체에 부정적인 영향을 미치고 있는데 그 해악은 다음과 같다(전대양 외, 2004: 62).

① 사회전반에 걸쳐 불안감이 고조되어 국민들의 일상생활이 위축된다.
② 공권력의 위신이 실추되어 사회질서를 유지하기가 곤란해진다.
③ 범죄조직을 비호하는 공직자가 생겨나고 공직자사회 전체가 부조리의 온상이 된다.
④ 자유경쟁질서의 붕괴로 국가 경제질서가 중대한 위기를 맞게 된다.
⑤ 불법자금이 정치부문으로 유입되어 정치인이 조직범죄의 하수인이 된다.
⑥ 불법자금의 언론으로의 유입으로 여론형성이 오도될 수 있다.
⑦ 청소년들이 폭력매체를 동경하는 등 타락의 길로 인도하게 된다.

이를 사회적 · 경제적 · 정치적 측면으로 나누어 살펴보면 다음과 같다.

사회적 측면에서는, 조직범죄가 마약류 · 향정신성의약품 등을 유통시켜 사회의 건강을 해치고 개인과 가정 나아가서 사회 전체의 안전유지를 위한 상품과 서비스의 구입비용을 증대시킨다. 그리고 질서 및 풍속을 저해하거나 서민생활을 침해한다.

경제적인 측면에서 볼 때는 조직범죄의 암거래로 인한 불법수익의 획득과 세금포탈 등으로 시장경제질서를 위협하고 국가재정을 해한다. 아울러 경제계에 침투해서 폭력을 행사하여 업무를 방해하거나 폭력을 수단으로 이익을 노린다.

정치적 측면에서는 조직범죄집단이 정부기관에의 영향력 행사, 공직매수, 선거운동에의 개입 등을 통해 정치와 정부에 대한 불신을 가져오는 등 사회 전체에 대하여 적지 않은 영향을 미친다. 그리고 정치활동에 폭력을 행사하거나 정치적 조직폭력과 테러행위를 자행한다(전대양 외, 2004: 63).

제 2 절 조직범죄로 인한 사회적 손실

1. 조직범죄와 직접 관련된 피해

직접적인 재산 손실을 생각해볼 수 있다. 보험으로 배상될 수 있는 손실은 그나마 다행이겠으나, 대부분의 손실은 보험으로 배상되지 않고 피해자가 고스란히 지게 되는 경우가 많다. 보험 배상이 가능한 경우라 하여도 그 배상처리에 소요되는 행정적 비용이나 노력 등도 만만치 않으며 보험 배상 자체도 결국은 그 부담을 사회 전체가 공유하게 되는 것이니 손실은 발생하는 것이라고 보아야 한다. 조직범죄의 피해로 건강을 상하거나 전신적 충격을 받는 경우를 생각해볼 수도 있는데, 정신과적 치료를 포함한 의료보험의 경우도 마찬가지라 할 것이다.

조직범죄의 피해자가 충격과 공포감을 극복하기 위하여 선택하는 각종 서비스도 손실 피해를 발생시킨다. 심리치료, 상담을 받는 경우는 자비를 부담해야 하는 경우가 많으며, 스트레스를 떨치기 위해 스포츠치료 등 특별한 프로그램을 소화하는 데도 비용과 손실이 뒤따른다. 심지어 두려움이나 트라우마를 극복하거나 잊기 위한 음주도 비용을 발생시킨다.

조직범죄로 인해 입원을 하거나, 장기치료를 하게 되거나, 공포로 인해 외출을 꺼리게 된다면 경제활동이 중단될 수 있고, 이로 인한 피해나 손실도 막대할 수 있다. 피해자 입장에서는 임금 상 손실이 발생할 것이고, 자영업자라면 수익이 줄어들거나 끊길 것이다. 고용주나 일반 사회의 입장에서도 손해가 발생할 수 있는데, 숙달된 직원이 결근하게 됨으로써 발생하는 생산성의 손실이나 이를 메우기 위한 임시직원이나 신규직원들을 고용하고 교육·훈련시키는 비용 등이 이에 해당된다.

학업을 수행 중인 자가 조직범죄의 피해를 당한 경우를 가정해보면 손해의 규모는 더 커질 수 있다. 우선 교육이 중단되면 교육부족으로 인한 전생애적 임금손실이 발생할 것이다. 고학력자가 일반적으로 평생에 걸쳐 더 많은 임금을 받기 때문이다. 둘째, 교육이 주는 비금전적인 이익의 손실도 생각해볼 수 있다. 예컨대, 고학력은 우리사회에서 일종의 '위신'이나 '명예'와 같은 비금전적인 이익을 발생시키는데, 학업의 중단은 이러한 비금전적인 이익의 손실을 가져온다. 이러한 손해는 모두 피해자가 지게 되는 것이다. 나아가 전 사회적 손실도 생각해볼 수 있다. 사회 구성원 개개인의 교육수준은 결국 사회 전체의 지적 수준과 연계되며, 좋은 교육을 충분히 받은 개인이 많다면 결국 그 사회도 성장·발전할 수 있는 여건을 더 많이 갖춘 것으로 평가될 수 있다. 그러므로 조직범죄의 피해로 인해 개인에게 교육 부족의 문제가 발생한다면, 이는 사회 전체의 이익 손실로 이어질 수 있고 이 피해는 사회 전체가 부담하게 된다.

경제활동이나 학업의 중단만이 문제가 되는 것은 아니다. 조직범죄의 피해로 건강상 손실이 발생하여 가사노동을 못하게 되거나 중단하게 되는 경우에 발생할 손실도 생각해볼 수 있다. 가사도우미를 고용하게 되면 추가의 비용을 지출하게 된다. 가정의 위생상태, 가족 구성원의 영양상태 등이 저하될 수도 있으며, 가사노동의 중단으로 가족 간에 다툼이나 사소한 불편 등이 발생할 수도 있다. 이러한 손해도 피해자 측이 고스란히 부담하게 된다.

돈으로 환산할 수 없는 육체적·정신적 고통 그 자체도 피해의 범주에 들 것이며, 전반적인 삶의 질의 하락도 피해자가 감내해야 할 손해가 될 것이다. 피해자를 지켜보는 가족이나 친지의 애정이나 즐거움의 상실도 문제될 수 있다.

조직범죄로 인해 피해자가 사망하게 되는 경우, 피해자와 가족의 피해는 이루 말할 수 없을 것이다. 피해자 본인은 삶이 종료되므로 삶의 질이나 삶의 의미, 행복 자체가 소멸되게 된다. 가족 입장에서도 큰 슬픔과 충격, 정신적 상처를 입게 되며, 이를 치료한다면 현실적으로 비용적인 손해도 발생하게 된다. 장례를 치르는 장례비용도 가족이 부담해야 할 몫이다.

피해자나 가족들은 조직범죄의 피해를 입증하기 위해 소송에 참여할 수도 있는데, 이 경우 발생하는 소송비용도 중요한 손해 중 하나이다. 민사상 배상을 받기 위해 소송을 제가하면 그에 따른 인지세, 변호인 선임료, 교통비, 재판 참석에 따른 업무·영업상의 손해 등이 발생하게 된다. 형사소송에 증인으로 참여하는 경우에도 교통비, 재판 참석에 따른 업무·영업상의 손해는 불가피한 것이 될 것이다.

나아가 국가의 이미지나 다음 세대가 감수해야할 피해도 고려해볼 수 있다. 각종의 재산 손실, 학업중단, 치료, 경제활동 중단, 조기사망 등의 피해는 피해자나 그 해당세대뿐 아니라 그 다음 세대에도 계속하여 누적적으로 영향을 미치게 된다. 미래 세대의 후손들은 조직범죄로 인해, 아무런 이유 없이 어려운 상황에서 출생, 성장해야 할 수도 있는 것이다. 또한 조직범죄의 만연·흉포화는 정상적이고 합법적인 사회활동을 위축시키고 국가의 브랜드 가치나 이미지를 하락시켜 결국 미래세대에 더 많은 짐을 지우게 된다.

2. 조직범죄에 대한 사회의 반응과 관련된 피해

조직범죄가 창궐하면 일반 시민들은 범죄 피해를 입지 않기 위해 노력하게 된다. 자신이 직접 피해를 당한 경험이 없더라도 피해의 가능성에 노출되어 있는 자들을 '잠재적 피해자'라고 하는데, 이러한 잠재적 피해자들이 혹시 모를 피해의 가능성이나 우려에 대비하여 행하는 각종 활동들도 많은 손해나 비용을 발생시킨다. 호신장구를 구입하거나 영업장의 경비시스템을 확충하는 등 범죄예방을 위한 노력에는 비용과 시간이 투입되기 마련이다. 즉, 잠재적 범죄자의 범죄예방을 위한 비용이나 노력도 일종의 조직범죄로 인한 피해라 할 수 있을 것이다. 잠재적 피해자의 조직범죄에 대한 두려움 그 자체도 무형적 비용에 해당할 수 있다.

조직범죄가 증가하면 국가는 이에 대응하여 형사사법시스템을 강화·증대할 수밖에 없는데, 이 과정에서도 많은 비용이나 시간, 노력이 소요되며 이러한 피해는 대부분 건전한 시민 등 사회 일반에 돌아가게 되는 것이다. 경찰의 활동 증가, 경찰조직의 증대에 따른 예산 증가는 결국 시민의 세금 부담으로 돌아갈 것이다. 검찰의 수사 및 기소, 공소유지 기능도 늘 것이고, 법원의 재판 부담도 증가할 것이다. 이러한 모든 형사사법체제 기능의 증가는 예산과 인력, 장비, 시설의 증대를 요구하게 되며, 결국 부담은 모두 건전한 일반 시민이나 사회 전체에 돌아가게 될 것이다. 범죄자가 재판에 임하여 사선변호인을 선임하면 범죄자 개인에게도 경제적 손실이 발생할 것이며, 사선변호인을 선임하지 않아서 국선변호인을 선임받을 경우에는 국선변호인의 수임료는 일반 국민들의 세금에서 부담하게 된다. 교도소 등 구금시설에의 수용 비용도 일반 사회에 끼치는 손해가 될 것이고, 최근 증가하고 있는 비구금적 제재(보호관찰 등)도 마찬가지로 선량한 시민들에게 더 많은 예산 분담을 요구하게 될 것이다. 피해자의 입장에서 재판에 참관하거나, 증인 등으로 참여하는 시간 등 무형적 손실도 클 것이며, 배심원제도를 가정한다면 배심원들의 시간과 노력도 일종의 사회적 손실이 될 것이다. 기타 목격자, 증인 등의 시간이나 노력이라는 측면에서도 일정한 손해를 발생시킬 것이다.

핫라인 및 공공서비스 고시, 지역사회 치료 프로그램, 사적 치료 내지 카운슬링 등과 같은 비형사적 프로그램들과 관련하여 발생하는 비용적 손해도 생각해볼 수 있는데, 이러한 사회적 비용도 결국 사회 일반이나 범죄자 개인(범죄자에 대한 사적 치료 내지 카운슬링의 경우)에게 부담으로 돌아갈 것이다.

각종 피해자 지원 시설이나 피해자 지원 프로그램 관련 비용의 발생도 우리 사회적 손실에 해당할 수 있다. 조직범죄가 발생하지 않고, 그 피해가 없었더라면 피해자 지원센터 운영 지원 예산이나 관련 프로그램의 구축·활용 예산은 절약될 수 있었을 부담이 된다. 피해자를 위해 봉사하는 자원봉사자의 수고나 노력, 시간도 사회적으로 낭비되는 자산에 해당된다.

조직범죄자가 구금되었을 경우 발생하는 유·무형의 손해도 막대하다고 할 것이다. 범죄자 스스로나 가족의 입장에서 일단 소득이 사라지게 되고 가정경제에 곤란을 겪게 될 것이다. 사회적 측면에서는 소비 활동을 하던 경제 인구 1인이 줄어들게 되는 셈이 되므로, 각종의 세금이나 생산·소비성에서 피해를 받게 된다. 범죄자는 자유나 안전, 원하는 재화나 용역, 이성관계 등을 박탈당하는 무형의 손해를 경험하게 되며, 범죄자의 가족은 각종 심리적 부담, 불편을 겪게 될 것이다.

이른바 '과잉제지'와 관련된 사회적 손실도 고려해볼 수 있을 것이다. 조직범죄가 증가하면 이에 대한 검거·대응 노력도 증가하게 되고, 이러한 과정에서 무고하거나 조직범죄에 이르지 않을 정도의 경미한 범죄를 저지른 사람들까지도 과잉되게 또는 무고하게 형사사법절차에 진입되는 경우가 있을 수 있다. 이러한 과잉제지 풍조는 무고하고 건전한 일반인의 정당한 활동조차에 조차도 제한을 가할 수 있게 되는 것이다. 한편으로는 형사사법기관들의 검거·대응 노력이 증가하게 되면, 조직범죄는 더욱 교묘해지고 잔혹해질 수도 있다. 발각되지 않기 위하여 더욱 잔혹하고 교묘한 범죄행각을 할 가능성이 커질 수도 있다는 것이다. 이렇듯 과잉제지 풍조 또한 많은 사회적 손실을 낳을 수 있다. 나아가 형사사법이 적극화되면 부당한 고소나 처벌로부터 개인을 보호하는 구조시스템(법률구조공단 등)이나 차별적이고 자의적인 처벌을 감시하고 이로부터 개인을 구제할 시스템(국가인권위원회 등) 등을 설치·운영할 비용도 추가로 발생하게 되고 이러한 손실은 결국 사회 전체의 손해가 된다.

3. 조직범죄로 인한 이차적 피해

피해자(또는 가족)가 자신(또는 가족)이 당한 피해를 형사사법당국에 신고하고 형사사법과정에 참여하게 됨으로써 겪게 되는 피해를 이차적 피해라 할 수 있다.

조직범죄로 인한 직접적이고 일차적인 피해도 심각하지만, 이러한 이차적인 피해들도 간과되어서는 안 된다. 예컨대, 수사 및 재판과정에 참여함으로써 겪는 정신적 충격, 심리적 위축, 매스컴의 취재나 주위 소문 등에 의한 사생활 침해, 가족관계의 악화 등이 이러한 이차적 피해에 해당한다고 할 수 있다. 조직범죄의 경우도 일반적인 범죄 피해의 경우와 마찬가지로 이러한 여러 가지 이차적 피해들이 발생할 수 있다.

피해자는 조직범죄의 피해가 가시지 않은 상태에서 수사과정에서 진술하거나 재판과정에서 증언하는 등 형사사법절차에 관여하게 되는 경우가 있는데, 이러한 경우에 사소한 비용의 지출은 별론으로 하더라도 심리적 피해만도 상당할 것이다. 또 조직범죄의 목표가 되었었거나 되어있다는 소문이나 보도 등은 대인관계와 사회생활에도 많은 부정적인 영향을 미치게 된다. 심지어는 피해자의 가족들까지도 심한 스트레스 등 피해에 노출될 수 있는 것이다.

참고문헌

1. 국내문헌

강동범. (2005). "한국 조직폭력범죄의 실태와 대책". 「비교형사법연구」. 7(2): 303-322.

강맹진. (2011). 「현대사회와 범죄」. 서울: 대왕사.

강봉채. (2007). 「조직폭력범죄의 실태와 대응방안」. 경기대학교 석사학위논문.

고건호. (1997). "폭력조직의 활동영역과 대책". 「강력검사연구논문집(IV)」.

고석규. (1999). "18·19세기 서울의 왈짜와 상업문화 - 시민사회의 뿌리와 관련하여 -". 「서울학연구」. 13(1): 45-86.

곽윤길. (2010). 고려 무신정권 시기 호위조직 연구. 「한국치안행정논집」. 7(2): 357-375.

구본철. (2006). 「조직범죄의 실태와 형사법적 대책에 관한 연구」. 전북대학교 석사학위논문.

김기범. (2008). 「조직폭력범죄 수사역량 강화방안 연구」. 동국대학교 석사학위논문.

김상균. (2008). 「범죄심리학」. 서울: 청목출판사.

김영근. (2007). 「경찰의 조직폭력 대처방안에 관한 연구」. 원광대학교 석사학위논문.

김영철. (1995). 「국제조직범죄의 규제에 관한 법적 연구」. 경희대학교 박사학위논문.

김영철. (1996). 「국제조직범죄의 현황 및 대응방안」. 한국형사정책연구원.

김용준. (2011). 「형사정책학」. 서울: 백산출판사.
김은경. (2002). 「성착취 목적의 인신매매 현황과 법적 대응방안」. 한국형사정책연구원.
김준호 · 노성호 · 이성식 · 곽대경 · 박정선 · 이동원 · 박철현. (2011). 「청소년비행론」. 서울: 청목출판사.
김춘섭. (2004). 「한국조직폭력배의 현실태와 대처방안에 관한 연구」. 한세대학교 석사학위논문.
노인수. (1994). "소년조직 폭력배의 실태와 대처방안". 「강력검사연구논문집(Ⅳ)」. 대검찰청.
도중진. (2004). 「조직범죄의 유형변화와 대처방안」. 한국형사정책연구원.
문영호 · 정진수. (1993). 「조직폭력의 실태와 대책」. 한국형사정책연구원.
박성용. (2004). 「일진회 사건을 중심으로 한 청소년 범죄심리에 관한 연구」. 광운대학교 석사학위논문.
방성수. (2003). 「조폭의 계보」. 서울: 살림출판사.
백성일. (1990). "조직폭력의 실태와 대책". 「형사정책연구」. 1: 195-217.
송기호 · 강경래. (2006). 「조직범죄에 대한 국제적인 대응과 증인보호대책에 관한 연구」, 한국형사정책연구원.
송태종. (2004). 「조직범죄에 관한 연구」. 호남대학교 박사학위논문.
송태종. (2008). 「조직범죄에 관한 연구 - 범죄론 및 형사사법적 대응책을 중심으로」. 경기: 한국학술정보.
신병주. (2009). 「조선을 움직인 사건들」. 서울: 새문사.
신상철. (2012). "한 · 중 · 일 3국의 범죄조직 개념에 대한 비교 연구". 「CHINA 연구」. 13: 199-243.
신의기. (1997). 「유엔의 국제조직범죄 규제방안」. 한국형사정책연구원.

신의기. (2004). 「조직범죄집단의 국제적 연계실태와 차단방안」. 한국형사정책연구원.

신의기. (2005). "외국마약조직의 국내침투 실태와 차당방안". 「국제범죄 대응정책 연구논총(국가정보원 발간)」. 125-189.

신의기. (2006). "논단 : 보험범죄의 조직범죄화와 대처방안". 「형사정책연구소식」. 한국형사정책연구원.

신현기 · 이상열. (2006). "조직폭력범죄의 실태분석과 수사상 개선방안에 관한 연구 - 강력 · 폭력범죄 수사관들의 인식을 중심으로". 「한독사회과학논총」. 16(2): 279-305.

안흥진. (2004). 「한국조직폭력의 실태 및 효과적인 대처방안」. 정문사.

양태규. (2003). 「조직폭력범죄수사론」. 서울: 대왕사.

염장호. (2001). 「세계조직범죄론」. 서울: 오성출판사.

유평수. (2005). "중학생 학교폭력 예방프로그램의 효과 분석". 청소년학연구회.

이경렬 · 이종화. (2004). 「국제마약사범에 대한 특수수사방법 연구」. 한국형사정책연구원.

이덕인. (2006). 「조직폭력범죄에 관한 연구」. 동아대학교 박사학위논문.

이민형. (2009). "고려시대 호위조직의 무예활동에 관한 사적 고찰". 「대한무도학회지」. 11(2): 357-368.

이상현. (1994). 「범죄심리학」. 서울: 박영사.

이상현 · 장석헌 · 곽대경 · 이완희. (2012). 「범죄심리학」. 서울: 박영사.

이수정. (2006). 「최신범죄심리학」. 서울: 북카페.

이순래 · 곽대경 · 기광도 · 김상원 · 류준혁 · 박정선 · 박철현 · 연성진 · 이성식 · 최응렬. (2011). 「현대사회와 범죄」. 서울: 청목출판사.

이윤근. (2000). "21C 한국 조직범죄의 실태 및 대응방안 – 마약류 및 위조지폐 관련 범죄를 중심으로". 「한국공안행정학회보」. 10(1): 161-190.

이윤근. (2001). "한국조직폭력의 최근 동향과 형사사법적 대응". 「한국공안행정학회보」. 11(1): 259-290.

이윤호. (2002). "'조폭'이란 무엇인가?". (emerge 잡지 2002. 2월호 기고문)

이윤호. (2007). 「범죄학」. 서울: 박영사.

이윤호. (2008). 「현대사회와 범죄」. 서울: 다해.

이인영. (2003). "한국 조직범죄의 특성에 관한 고찰". 「비교형사법연구」. 5(2): 543-567.

이재욱. (2012). 「학교폭력의 원인과 해결방안 : 학교폭력예방 및 대책에 관한 법률의 실효성 검토와 법교육의 중요성 인식을 중심으로」. 고려대학교 석사학위논문.

이존걸. (2003). "조직범죄에 대한 고찰". 「비교법학」. 3: 517-536.

임웅 · 김성돈 · 김성규 · 박광민 · 이경렬 · 이환규. (2004). 「조직범죄와 형사법」. 서울: 법문사.

전대양. (2002). 「현대사회와 범죄」. 서울: 형설출판사.

전대양 · 송병호. (2004). 「조직범죄론」. 서울: 형설출판사.

정신교. (2005). 「범죄학개론」. 서울: 형설출판사.

정완. (2001). "G8의 국제조직범죄대책 ". 「한국형사정책연구」. 46: 249-274.

정지운. (2010). "경찰의 조직폭력범죄피해자를 위한 역할". 「경찰학논총」. 5(1): 5-24.

정지일. (2007). 「조직범죄 유형변화에 따른 대응책과 규제에 관한 연구」. 경희대학교 석사학위논문.

정진수. (1995). 「조직범죄의 실태와 대책에 관한 비교 연구 – 우리나라 조직폭력에 대한 대책의 모색」. 영남대학교 박사학위논문.

조병인 · 손창완. (2007). "폭력조직의 생존기반에 관한 연구". 「형사정책연구」. 71: 1271-1317.

조병인 · 박광민 · 최응렬 · 김종오. (2010). 「국내거주 외국인의 조직범죄 실태와 대책연구」. 한국형사정책연구원.

조승식. (1994). "조직범죄수사기법". 「강력검사연구논문집(Ⅱ)」. 대검찰청.

조철옥. (2008). 「현대범죄학」. 서울: 대영문화사.

천정환 · 이동임. (2012). 「신범죄심리학」. 인천: 진영사.

최병민. (2009). 「조직범죄의 실태와 대응방안에 관한 연구」. 경기대학교 박사학위논문.

최응렬 · 송병호 · 김연수. (2006). 「폭력조직의 하위문화 연구」. 한국형사정책연구원.

탁희성 · 도중진. (2004). 「조직범죄관련 자금세탁범죄 대응의 문제점과 개선방안」. 한국형사정책연구원.

하태훈. (1997). "조직폭력에 대한 수사역량 강화방안". 「치안연구소 치안논총」. 제13집.

한인섭 (1991). "조직폭력 범죄의 법적 통제 및 조직폭력 범죄에 대한 교정처우 모델에 관한 연구". 「법무연수원 비상근연구위원 논문집」.

허경미. (1999). 「한국의 조직범죄 실태와 그 대응방안에 관한 연구」. 동국대학교 박사학위논문.

2. 국외문헌

David Southwell. (2006). The History of Organized Crime. London: Carlton Books Ltd(추미란 역(2008), 「조폭연대기」. 서울: 이마고).

Jürgen storbeck. (1994). Tendencies of Organised Crime in Europe(이순래 역 (1994), 형사정책연구 1994년 여름호. 한국형사정책연구원)

Eugene McLaughlin, John Muncie. (2006). The Sage Dictionary of Criminology. SAGE Publications.

Edwin H. Stier, Peter R. Richards. (1987). "Strategic Decision Making in Organized Crime Control : The Need for a Broadened Perspective" in Major Issues in Organized Crime Control(H. Edelhertz Eds.), National Institute of Justice, U.S. Department of Justice, U. S. Government Printing Office, Washington D.C.

3. 기타

경기지방경찰청. (2004). 「조직폭력배 수사요령」.

경찰청. (2012). 「경찰백서」. 서울: 경찰청.

국가정보원. (1999). 「21C 새로운 위협 국제범죄의 실태와 대책」.

금융감독원. 2005. 3. 4 보도자료 15면.

문화일보. (2013.01.11. 보도). 「10문10답 뉴스 깊이보기 - 조폭, '협객' '정치깡패' 거쳐 '3大패밀리' 분화」.

세계일보. (2013.01.07. 보도). 「기존 3대 조폭, 시대 저물어 … 차세대 조폭은?」.

시사저널. (1996.05.30. 보도). 「국제 총기 밀매단, 한국에 눈독」.

시사저널. (2002.08.15. 보도). 「조폭들 주먹풀고 회사 앞으로」.

시사저널. (2012.07.04. 보도). 「보이스피싱 '악마의 목소리' 뒤에 누가 있나」.

헤럴드경제. (2013.02.14. 보도). 「전직 '조폭형님들', 고깃집 사장 되는 이유는?」.

저자소개

김 우 준 교수

학력)

동국대학교 학사 · 석사 · 박사 (범죄학박사)

前)

동국대학교 경찰 · 범죄연구소 연구원

동양대 · 대덕대 · 국제대 등 강의

現)

세명대학교 경찰행정학과 교수

청주지방검찰청 제천지청 검찰시민위원

법무부 충주구치소 교정자문위원

국민생활체육 서울특별시 씨름연합회 부회장

한국공안행정학회 이사

한국경찰연구학회 이사

한국경호경비학회 이사

한국치안행정학회 이사

한국범죄심리학회 이사

한국민간경비학회 이사

한국중독범죄학회 이사